Abraham Emmanuel Fröhlich

Der Brand in Glarus - Eine Erzählung

Abraham Emmanuel Fröhlich

Der Brand in Glarus - Eine Erzählung

ISBN/EAN: 9783743628403

Hergestellt in Europa, USA, Kanada, Australien, Japan

Cover: Foto ©ninafisch / pixelio.de

Weitere Bücher finden Sie auf **www.hansebooks.com**

Der

Brand in Glarus.

Eine

Erzählung

von

A. E. Fröhlich.

Zürich,
Druck und Verlag von Friedrich Schultheß.
1862.

Stachelberg. Ende Brachmonats 1860.

Ich habe Zeit, Dir Briefe zu schreiben; denn die Nässe dieses Sommers hält an, und wir haben mehr regnerische, düstre und kalte Tage; es schneite auch diesen Monat bis auf die untern Alpen und bis in die Nähe dieses Bades. Gleichwohl aber stärkt mich die Bergluft hie oben ungemein; und auch das Schwefelwasser dahier, das ich trinke und in dem ich bade, und die kräftige Bergmilch haben schon merklich geholfen, mein Uebelbefinden zu mindern; Schlaf und Eßlust haben sich wieder eingestellt. Angenehme Gesellschaft erheitert und verkürzt auch die nassen und trüben Tage. Entwölkt sich aber der Himmel zur Seltenheit einmal wieder, so durchwandere ich das Thal meist einsam nach allen Seiten, und bin schon so gekräftigt, daß ich mehrere Stunden des Tags ohne Ermüdung auf und ab steigen kann.

Jüngst an einem durchaus klaren und wieder recht warmen Tage war ich auf der Sandalp, am Fuße des Tödi. Der Weg führt südlich durch das Dorf Linththal hinauf zwischen meist stattlichen und wohnlichen, reinlich gehaltenen und einladenden Häusern und ihren Gärten und Gärtchen und Wiesen hinan zuerst am Fuße des Kilchenstockes, an dessen unterste Wand sich die katholische Kirche zu lehnen scheint, dann oben im Dorf an der reformirten Kirche vorbei, die mit ihrem schlanken Thurme weit ins Thal hinunter sieht. Weiter geht's durch die grünsten Wiesen der Auen-Güter, auf denen zerstreut noch einzelne

Häuser und Städel stehen. Ich war früh auf, die Sonne schien noch nicht über die östlichen Berge in die Mitte des Thales; ich wanderte so in Schatten und Kühle. Die westliche Bergseite aber des Thales glänzte im frischesten Morgenschein; herunter starrten die kahlen Hörner des Pfannen-, Schreien-, Ort-, Kammer-Stocks, mit einzelnen kleinern Gletschern und Schneeklüften; zwischen den vielen dunkeln Tannenwäldern der Bergseiten prangten im hellsten und sanftesten Grün die Alpen und schimmerten ihre Hütten und glänzten, donnerten und brausten die Bäche, voraus vom Urner-Boden herunter der **Flätschbach**, in immer höheren und mächtigeren Fällen. Das ist der Gang einer heroischen Symfonie, eines Heldengedichtes, einer Tragödie, eines außerordentlichen Schicksals: milde beginnt's unter dem Klingen der friedlichen Heerden, der fröhlichen Lieder der Hirten, mehr unter Blumen als Steinen; stellen sich diese entgegen, verursachen sie nur ein munteres Rauschen und Springen; aber sie sind Vorboten der immer höheren Hindernisse, die in den Weg treten, der Schwierigkeiten, durch welche die Bahn gebrochen und mit Wagnissen erkämpft werden muß. Oben im flachen Thalboden, wo der Bach die feinsten Kräuter und Blumen und die Lämmer tränkt, würde Niemand ahnen, mit was für einer unnahbaren Gewalt, ja mit was für Schrecken er mit immer größern Kräften in immer größere Kämpfe stürzt. Dieses Schauspiel fesselt uns immer wieder; wir sehen in das Leben des Einzelnen und der Völker; vor Augen sind uns gestellt die ewigen Gegensätze: der blaue Himmel, der klare Firn, das sanfte Grün der Matten, die Fülle der Blumen und die nackten, noch nie erstiegenen Felshörner, die schwarzen Wände, die dunkle Felsenschlucht und durch diese hernieder die graue, schäumende, tobende Fluth, welche die Wettertanne unterwühlt, stürzt und

zerschellt, den Fels bricht und ihn hinunterschleudert und selber
herabsteigt, immer donnernder und fliegender und endlich unter
Staubwolken und mit erschütterndem Tritte im Thal steht und
einen sanfteren Lebensabschnitt beginnt. Immer wieder verweile
ich vor diesen Sturzbächen, denn ihr Schauspiel ist jeden Augenblick ein neues, dieselbe Orgelmusik, aber mit immer neuen er-
greifenden Wendungen, ein Bild auch des unerschöpflichen, über-
sprudelnden göttlichen Reichthumes und der göttlichen unwider-
stehlichen Macht, welche in der Felsenschlucht die Bäume, Blumen
und Kräuter erfrischt, daß sie in keinem Garten frischer prangen,
und wieder in wenigen Augenblicken durch den Schutt des Gebirges weithin und auf Jahre hinaus überschüttet und zerstört,
was grünt und blüht. Nicht der Sturz des Wassers an sich
erfreut uns, sondern daß seiner Gewalt die ganze Umgebung
entspricht, daß es wie vom Himmel kommt, daß es so mächtig
brauset im todtenstillen Felsgebirg, daß es so silbern glänzt in
der schwarzen Schlucht, daß es neben den friedlichsten, sanftesten
Alpenwiesen herunterraset: das Alles macht den Gießbach zum
Gemälde, zur immer neuen bedeutsamen Dichtung.

Etwas südlich vom Flätschbach fällt auf der nämlichen westlichen Seite des bald sich schließenden Thales an der hohen
grauen Felswand der Schreienbach herunter als Ein Silber-
guß ohne Hemmniß und ohne emporstäubende Aufstürze, eine
ununterbrochene Segensergießung von oben. Trittst du näher, so
sind es viele einzelne Bäche, die herunterstürzen, viele kleinere
Säulen, die sich zu Einer gewaltigen krystallnen Säule zusam-
menschließen, wie die Säulenbündel im Dome sich an einander
lehnen zu einem mächtigen Pfeiler. Ein solcher starrer Pfeiler
wird der Bach im Winter, dicker und höher als keiner auch im
größten Münster steht. Und Eines Tages, wenn der Föhn auch

nur sanft herniederhaucht, bricht der Pfeiler zusammen und liegen seine Trümmer im Bette der Linth wie ein kleiner Gletscher. Aber nicht nur sanft haucht der Föhn hernieder, sein Odem wird oft auch Sturm und Orkan, bricht Bäume und Fels, und raset das Thal hinunter, daß alte Landesordnungen verbieten, ein Feuer anzuzünden, weil der Föhn in wilder Gier nach der Flamme verlangt und, wo er sie hervorlocken kann und sie ihm zu eigen wird, beide vereint ein schreckliches, allzerstörendes Hoch= zeitsfest begehen, wie wenn sich verbinden der Freiheitssturm und die Verwilderung, der Glaubenshaß und die Glaubenswuth: da entbrannten und rasten weithin die Bluthochzeiten. Aber jetzt hauchte nicht einmal der Föhn, sondern ein sanfter Ostwind machte den Morgen noch frischer und erquickender und wehte den Duft aus den blumigen Wiesen und den wohlriechenden Wäldern entgegen. Nur die weit dröhnenden Fußtritte des zu Thal steigenden Flätschbaches erinnerten an das wechselnde Schick= sal und daß sich auch unter den grünsten Matten des friedlich= sten Thales die Pforten der Hölle öffnen können. Aber der frische Ostwind wehete den Schreienbach als eine vom hohen Felsenthurm niederwallende festliche Flagge lustig hin und her zwischen den grünen Teppichen, Blumen und Kränzen der den Fels umgebenden Matten und Wälder, und die herbeiwinkende geschwungene Flagge schimmerte silbern im Morgenlicht und mit ihren blumigen Säumen von regenbogenfarbigem Edelgestein.

Nicht weit südlich vom Schreienbach führt der Pfad auf einem Steg über die schon daherstürmende Linth und ihr graues Gletscherwasser und dann eine Schutthalbe hinan zu der von hier aus noch nicht sichtbaren Pantenbrücke empor. Die Schutt= halbe mag einst eine blühende Wiese gewesen sein. So wechselt im Leben Segensüberströmung und Verschüttung, und der Pfad leitet unmittelbar aus den grünsten Matten durch die Trümmer eingestürzter Bergeszinnen und den Schutt der Ungewitter, unter welchen vielleicht für immer die schönste Alpe begraben liegt.

Oberhalb der Schutthalde führt der Steig durch Felsen und Tannen empor und das Thal schließt sich immer enger. Die Wände des östlichen Selbsänfts und des westlichen Gemsstocks berühren sich mit ihren Fußgestellen; nur die wilden Wasser der Höhen, die hernieder donnern, haben sich eine Schlucht des Durchgangs gebrochen, über diese trägt die Pantenbrücke. Vor wenigen Jahren hinuntergestürzt, ist sie wieder aufgebaut, hochgewölbt, daß auch die höchstgeschwollenen Fluthen ihren Bogen nicht erreichen; er würde auch, und wäre er noch so fest gebaut, ihrer Wucht und Gewalt und den Felsen, die sie oft herunterstürzen, nicht lange widerstehen. Es ist keine breite Brücke für den Welthandel, wie die Teufelsbrücke auf dem Gotthard, über welche der Postwagen geht; über diese schreitet nur der einsame Hirt' oder Holzhacker oder lenkt der Senn mit Sorgsamkeit seine Heerde langsam hinunter, und der Schäfer seine Lämmer und Ziegen. Das abgeschlossene Thal zwischen den engen, dunkeln und himmelhohen Felsen, im Schatten des Waldes, im Tosen der rings herunterstürzenden Wasser ist eine schauerliche Einsamkeit. Doch stehst Du auch lange allein auf der Brücke und siehst hinauf in den mächtigen Fall der herabschäumenden Linth und will weder von unten noch von oben dir ein Senn oder Hirt oder ein Wandrer begegnen, so bleibt doch die Brücke selbst und der Pfad, zu dem sie hinüberführt, eine Art von Gesellschaft, denn der Steig wird doch wieder zu Menschen und ihren Hütten und Heerden führen.

Aber wo Du jenseits den engen Steig emporklimmst, stets hart über den wilden Wassern zwischen den Felsblöcken hindurch und den Baumstämmen und dem Wurzelgeflecht, wird die Schlucht immer dunkler und schauriger. In den mächtigeren Sandbach, den Hauptquell der Linth, stürzt der Lämmer- und dann der Altenorenbach, weiter oben der Biferten- und Stafelbach. Wendet sich der Steig einige Schritte seitwärts und die Wasser entziehen sich dem Auge, hörst Du sie tief unten durch die Kluft donnern, und es ist Dir, das Gebirg werde erschüttert. Aber Du wendest Dich wieder, und die Stürze schimmern und brausen die dunkle Kluft herab; von einem heruntergestürzten Felsblock zum andern führt ein lehnenloser, schaukelnder Steg; bräche er oder Du entglittest, sähe man Dich im nämlichen Augenblicke von der furchtbaren Gewalt der niederschießenden Wasser an die Felsen geschmettert und zermalmt. Du würdest Dich bei einbrechender Nacht, welche in dieser Schlucht die Dunkelheit selber ist, schwerlich oder nur an eines Führers Hand über diesen schwanken Steg wagen. Und wohl uns, daß wir nicht sagen müssen:

„Aber ach, der Führer fehlt!"

Du steigst noch höher hinauf. Die Kluft wird weiter; die Aussicht offener, und mit Einem Mal siehst Du zum Töbi hinan. Du bist viele Stufen zu ihm emporgestiegen und jetzt strahlt sein Thron herab. Keine weiße Frühlingswolke ist strahlender, kein geläutertes und polirtes Silber blanker, kein Krystall reiner und glänzender als dieser Stuhl der Majestät; sein Grund und Bau ist das Urgebirg, die grünen Matten und Schneegefilde die Teppiche seiner Stufen, die Gletscher seine in alle Ferne glänzenden und Segen spendenden Schätze, die vorüberziehenden Wolkenheere sein Baldachin, die Morgen- und Abendröthen, die herniederschimmernden Himmelswelten seine Krone, seine Stimme der kühlende Hauch oder der Donner der Wetter, der zerspaltenden Gletscher und der hernieberbrechenden unzähligen Gießen.

Aug und Herz blieben jetzt emporgerichtet. Ich saß unter schattigen Bäumen auf einem Hügel bedeckt mit Gras und weichem Moos und den mannigfaltigsten Alpenblumen, und genoß lange den Anblick des herniederstrahlenden Tödi. Ich saß wie auf einer höheren Stufe des Altars, und schaute in das erhabene Heiligthum und zu seiner glanzvollen Herrlichkeit empor.

Die Unendlichkeit stand vor mir, aufsteigend aus unergründlichen Tiefen, aufgethürmt Gebirge über Gebirgen in unermeßlichen Massen, in unerschütterter Festigkeit, in Formen, Höhen und Breiten und Maßen, gegen welche menschliche Bauwerke ein Kinderspiel: Alles herableuchtend mit himmlischem, nie erblassendem, stets wieder neu verklärtem Glanze. Das Brausen der neben mir hinabstürzenden Wasser und der aus den nahen Gletschern hoch herab durch Wiesen gleitenden, durch Felsen brechenden Bäche war mir der Lobgesang in diesem Heiligthum, der Wohlgeruch der Blumen und Wälder ringsherum der Duft des Weihrauchs. O, daß man oft in dieses Heiligthum hineinblicken könnte! Denn die Seele dürstet nach Unendlichkeit, sie kann sich am Himmel und am Meer und Strom, an der hohen Alpen- und Gletscherwelt nie satt sehen; und jedes die Unendlichkeit uns darstellende, sie wiederstrahlende Kunstwerk, sei's der Dom oder Psalm oder des Helden Bild, zieht uns immer wieder an und erhebt und stärkt und läutert die Seele.

Und Heil uns: Wir schauen in solch ein Heiligthum der Schöpfung hinein nicht als wäre es erbaut von Göttern oder von einem uns unbekannten Gott oder, wie sie unverständiger als die Heiden sagen, von der Natur. Der ist uns gepredigt, welcher dem, das nicht ist, ruft, daß es sei. Die uns so hoch herab leuchtende Reinheit und Lauterkeit, die uns so mächtig emporhebende Hoheit, die uns umgebende Milde und Schönheit, sie spiegeln uns nur den Einzigen, das Ebenbild Gottes, den Erstgebornen aller Kreatur, in welchem wohnet die ganze Fülle der Gottheit leibhaftig. Der Blick in solch ein Heiligthum der irdischen Schöpfung erfüllt uns mit Ahnungen von Herrlichkeiten der zukünftigen Welt, und wir hören die Ströme rauschen des ewigen Lebens. Und hätten wir diesen Glauben nicht, so würden uns nur Leicht- oder Trübsinn, Hoffnungslosigkeit und Schrecken durchs Gebirge begleiten.

Aber Kirchengeläut aus dem Thal scholl zu mir herauf und mahnte mich an den heiligen Fridolin, welcher zuerst auch diesen Thälern das Wort des Lebens verkündete, und in diesen Bergen die Predigt vom Berge und Golgatha, der Höhe, die über alle Höhen erhaben und der Berg ist, von dem unsere Hülfe kommt. Das Geläut mahnte mich auch zur Rückkehr. Ich war lange im Schatten und in den Blumen gesessen und dann noch weiter hinaufgestiegen.

Im Hinuntergehen wandte ich mich noch oft nach dem Tödi um; und als ich tiefer in die Schlucht hinabkam, welche keine Aussicht mehr bot, hatte ich Zeit, mich an den Wundern der Blumenwelt zu erbauen. Hier ist für den Kenner eine Fülle des Seltensten und Feinsten. Durch diese schwarzen Wände weht reine Luft, das Licht wirkt hier kräftiger und wärmer, ein beständiger Thau aus den schäumenden Wassern tränkt alles, was grünt und blüht. Ueber die mächtigen Felsenblöcke sind die buntesten Blumenteppiche gelegt, andere Felsentrümmer sind an ihrem Fuße mit Moos und Farn und Gräsern umgrünt, und stellen sich oben dar als Blumentische, wie der reichste Garten sie nicht feiner und mannigfaltiger schmücken könnte. Die nämliche Hand, welche hoch über den Wolken das Urgebirg zerbrach und zerbröckelte und die Hörner ins Thal warf, hat hier alle Kräutchen und Blümchen mit der wunderbarsten Feinheit und Schönheit gebildet, sein Hauch giebt ihm die Zartheit und Frische, sein Odem den Duft, den Schmelz und die Sättigung der Farbe.

Ich lege Dir hier einige der seltneren Blumen und Blümchen bei, die ich Dir, so sorgfältig, als es dem beß weniger kundigen möglich war, eingelegt habe.

Stachelberg, Anfang Heumonats 1860.

Heute regnet es wieder; und so habe ich Zeit, bir noch vom Abend zu erzählen jenes Tages, den ich am Ende des vorigen Monats droben auf der Sandalp zugebracht.

Der Tag war heiter und warm geblieben. Als ich gegen den Abend wieder ins Thal hinunter kam, hatte ich eine Erfrischung nöthig und fand sie in dem kleinen Töbi=Wirthshause in der Nähe des Schreienbachs. Diesen hatte ich, während ich ausruhete, vor mir und zwar so, daß er gerade vor mir niederstürzte und mit seinem weit heraus spritzenden Wasser von der Felsenwand bis zu seiner äußersten Linie einen Theil des Landschaftsbildes vor mir füllte. Ich saß nämlich vor dem Wirthshäuschen im Schatten am Tisch, hatte zu meiner rechten Seite die begrünten Abhänge der Baumgarten=Alpen, zur linken Seite die Linth und unmittelbar zu dieser herabsinkend die nackten Felsenwände der Altmoren=Alp eines Fußgestelles der Klariden, über welches hinaus eben der Schreienbach Eines Falles herunter braust. Jetzt bei der ruhigen Luft erschien er wie ein herunterwallender, seidenrauschender Schleier; durch sein Silber hindurch sah ich einen Theil der grünen Landschaft, die Wiesen des Thales, die Alpen, Felsen und Wälder der Höhen und weiter ins Thal hinaus in duftiger Ferne die beschneiten Firnen des Glärnisch; wiederum ein mannigfach wechselndes Schauspiel, der mächtige, silberne Vorhang breitete seine Falten aus und zog sie wieder enger zusammen, er war so im eigentlichen Sinne mannig- und vielfaltig, er spielte selbst mit seinen Falten und zeigte durch dieselben hindurch die Landschaft das Thal hinaus bald mehr bald minder hell; dazu die Heiterkeit des Abends, die Ruhe im Thal, das frische Grün, das immer goldnere Licht der Höhen. Ich zeichnete die Umrisse; wie auch das, was ich dir so schreibe, nur Umrisse, nur Erinnerungslinien sind; es mangelt eben Alles: Licht, Farbenduft, Ton und Stimmung, das Ganze und Geschlossene der Landschaft, ihr stets neuer Reiz, wenn sie künstlerisch aufgefaßt und ausgeführt, ein wirkliches Gemälde, eine wahre Dichtung ist. Wir können eben nicht Alles, sonst wäre ich ein Mahler geworden. Aber das Leben ist kurz und jede Kunst fordert ein Leben.

Wie ich so ausruhete und den Abend genoß, kam ebenfalls von der Pantenbrücke her ein junger, ungemein frischer und schlanker hell lockiger Bursche, setzte sich an den Tisch im Freien, an welchem auch ich saß und forderte einen Schnaps. „Woher, Just?" fragte die Wirthin. „Ich hatte, antwortete er, auf der Limmer-Alp etwas zu bestellen." „Oder du hast wol selbst dort Arbeit und Brot gesucht, sagte die Wirthin; denn du bist ja, wie ich höre, seit einiger Zeit ohne Verdienst." „Ich habe noch immer, entgegnete Just lachend, mein tägliches Brot gefunden; es gibt besonders im Sommer immer etwas das Thal hinab und hinauf. Ich bin im Bad wohl bekannt; und brauchen die Herrschaften einen Führer, so bin ich nicht der letzte, der ihnen empfohlen wird. Freilich hat mir dieser nasse Sommer manchen schönen Taglohn verregnet. Die Wetterpropheten aber sagen, der Herbst werde trocken und heiter und noch warm sein und da besteigen die Reisenden unsere Berge noch lieber als im heißen Sommer." „Dann wirst du auch wieder, sagte die Wirthin, einen Schoppen Wein vermögen und nicht nur ein Schnäpschen bestellen." „Jedem das Seine, antwortete Just; der Winter ist lang und theuer und euer Wein nicht wohlfeil: ich muß mein Geldlein zusammenhalten; zudem habe ich heute viel Milch getrunken und auf die setzt auch selber der Hirt gern ein Gläschen Enzian." „Du hast auch sonst schon Bekanntschaft mit der Enzian, fuhr die Wirthin fort, du suchst und verkaufst ja auch ihre Wurzeln." „Warum sollt' ich nicht? erwiderte Just; finde ich keinen andern Verdienst, so sammle ich allerdings für die Aerzte und Apotheker Kräuter und grabe Wurzeln aus; ich verdiene aber an den Enzianenwurzeln lange nicht so viel, wie Ihr an Enzianenschnäpschen und Ihr könnt dieses im kühlen Schatten verkaufen; das Kräutersammeln aber an den hohen und steilen Wänden ist wahrlich ein heißes und mühsames Tagwerk und da hat man nicht einmal immer einen stärkenden Schnaps bei sich und muß einen Durst, wie Ihr ihn nicht kennt, mit Gletscherwasser stillen; kaum daß man in den alleroberften Alpen von einem Ziegenhirt ein Tröpfchen Geißenmilch erhalten kann." — „Etwa aber, sagte die Wirthin, wird dem Wurzelgräber, der zugleich Gemsjäger ist und droben in einer Höhle sein Schießzeug verborgen hält, eine Gemse zur Beute, auch wann die Jagd derselben noch verboten ist." „Und immer noch, antwortete Just, fand sich ein Wirth oder auch eine Wirthin, die einem ein fettes Gemschen abkaufte, das einem in den Schuß gekommen war, da man eben ein Birk- oder ein Schneehuhn schießen wollte. Und essen etwa selber die, welche die Gems-jagd verboten haben, gerne vom Braten einer Gemse, die dann freilich nicht in unsern Bergen geschossen, sondern etwa aus Tyrol ist hereingebracht worden."

Der gewandte und doch gutmüthig scheinende junge Mann gefiel mir. Ich ließ noch etwas Wein kommen und schenkte ihm ein. Er that gerne Bescheid; und ich fragte ihn, was für nähere und leichter zu besteigende Alpen ich besuchen könnte. Er nannte und beschrieb mir die Kammer- und Braunwald-, die Saß- und Limmeralp. Diese letzte, meinte er, sollte ich jedenfalls besuchen, da sie im höheren und wilderen Gebirg liege, in Gegenden, von denen wir Leute aus der Ebene keine Vorstellung haben können. Er wußte genau den Gesichtskreis jeder einzelnen dieser Höhen zu beschreiben und die besondern Vorzüge einer jeden derselben. Dann schilderte er mir, durch Fragen geleitet, die Alpenwirth-schaft und das Leben der Aelpler und manches Eigenthümliche, das mir neu war. Es freute ihn, sein Ländchen zu loben und er war durch den Abendtrunk noch mehr ermuntert und über meine Aufmerksamkeit erfreut, im besten Gange und noch lange nicht zu Ende, als von der andern Seite des Thals herüber eine laute frische Stimme erscholl und dem Wirthshäuschen zu jodelte. „Das ist der Balz, sagte die Wirthin; der hat Durst und es freut ihn, daß er hier Gesellschaft findet." Und wirklich grüßte er schon von weitem her: „Da finde ich Kameradschaft"; und angekommen reichte er dem Just über den Tisch die Hand und sagte: „Dich findet man nicht alle Tage im Wirthshaus; aber du wirst da deinen Herrn begleitet haben." Er war so noch nicht abgesessen, als ihm die Wirthin schon eine Flasche Wein brachte; er schenkte auch dem Just ein und sagte: thu Bescheid! schlug mit ihm an, und sein graues, modisches Filzhütchen lüftend, schlug er auch mir an und sagte: „Es soll auch dem Herren gelten. Sie hatten heute schönes Wetter; es ist voraus auch denen zu gönnen, die in den Bergen das Wohlsein suchen. Wir Glarner suchen es hinwieder bei euch in der Fremde und so viele Herrschaften aus fernen Ländern auch ins Glarnerland kommen, noch viel mehr Glarner sind doch in allen fremden Ländern zu finden. Aber eigentlich ist jetzt nichts mehr fern und nah und von fremden Ländern sollte man nicht mehr reden. Leute von der Ostsee her, aus Schweden und Rußland, so wie Engländer und Nordamerikaner bringen die Sommermonate in unsern Schweizerbergen zu; die Schweiz ist gleichsam ein Welt-Kurort geworden und die Schweiz ist nun Kurland, sagte er, seinen Einfall selbst belachend." Da ich einiges erwiederte, schloß er nach meiner Mundart bald, aus welcher Gegend Deutschlands ich sei. Und ich entnahm dem fortgesetzten Gespräche, daß dieser Balz ein Angestellter sei in einer der vielen Fabriken des Thals. Ich merkte, daß er Vielerlei gelesen und sich von Gedanken, Ausdrücken und Manieren gewisser Handelsreisenden Mancherlei angeeignet, so wie ich auch erfuhr, daß er selbst schon für sein Haus öfter kleinere Reisen gemacht. Er war städtisch und nach der Mode gekleidet. Sein reiches schwarzes Haar, sein runder Bart und kecker Schnauz waren sorgfältig gepflegt. Er rauchte eine nicht unfeine Cigarre.

Die Wirthin hatte, ohne dazu aufgefordert zu sein, ein Kartenspiel gebracht. „Die weiß schon, sagte Balz, was sich zum Wirthstische und zum Abendtrunk schickt. Es ist noch zu heiter, um schon heimzugehen. Laß uns noch eins kurzweilen, Just!" Dieser antwortete: „Ich habe nicht Zeit, ich muß, was ich ab der Alp zurückzumelden habe, im Dorfe noch vor Nacht berichten, weil darnach Geschäfte auf morgen müssen besorgt werden. Auch habe ich kein Geld bei mir." „Wer frägt nach dem? erwiederte Balz. Nur kurzweilen wollen wir." Und so schenkte er dem Just wieder ein, bot ihm eine Cigarre und mischte sogleich die Karten auf's gewandteste. Just hob ab; Balz vertheilte die Karten; und das Spiel begann. Balz war alsbald aufgeregt und voll Behagen, sein dunkles Auge funkelte, seine Gesichtszüge zeigten große Aufmerksamkeit. Auch Just bewies, daß er die Karten nicht zum ersten Mal in den Händen hielt. Ein Gang des Spieles folgte rasch dem andern. Just gewann die meisten. Verlust nnd Gewinnst wurde auf der Tafel verzeichnet, wie wenn sie um Geld spielten. Der gewinnenden Striche hatte Just schon eine Menge. „Du hast Glück, sagte Balz, und immer gute Karten. Ich muß mich anstrengen." Er forderte wieder eine Flasche, schenkte auch dem Just immer wieder ein, steckte eine frische Cigarre an, und mischte noch rascher die Karten. Just aber blieb der Gewinnende und zwar nicht so, daß ihn Balz gewinnen ließ, denn diesem wurden in der That stets die minder guten Karten zu Theil. Aber seine Gier, auch wieder zu gewinnen, wurde noch größer, sie zuckte ihm durch die Mienen, sein schwarzes Auge brannte. Immer mehr fluchte er über die schlechten Karten; meinte er, eine gute zu haben, schlug er sie auf den Tisch, daß die Gläser aufsprangen; und wurde ihm auch diese überboten, ließ er die seltsamsten Flüche und Verwünschungen hören. Just blieb ruhig und lächelte und beherrschte das Spiel mit der gespanntesten Aufmerksamkeit und Schnelligkeit und gewann noch immer. Dessen ungeachtet sagte er endlich doch: „Ich muß durchaus ins Dorf hinunter; sonst komme ich zu spät." „Bleib, antwortete Balz, fast befehlend, ich lasse dich so nicht fort; wir gehen mit einander; und jetzt machen wir noch zwei Spiele, eins um deinen Gewinn, ob du denselben mir oder ich ihn dir zu bezahlen habe und das zweite um die Zeche." „So war's freilich nicht gemeint, erwiederte Just. Du siehst, wenn wir das Spiel auch nur um Einen Batzen gemacht hätten, betrüge mein Gewinn ja mehr als einen guten Wochenlohn; auch hast du dir nicht vom wohlfeilern auftischen lassen. Allein sei's; ich half dir trinken." Und so gab er das Spiel und gewann's und ebenso das zweite. Balz lachte und fluchte, zahlte der Wirthin die Zeche und dem Just den Gewinn und sagte diesem: „Es kommt dir wohl, daß du gewonnen hast, denn du hast ja, wie du wenigstens vorgabest, kein Geld bei dir, und wärest, hätte ich bessere Karten bekommen, mein Schuldner geworden. Aber gleichwohl keine Feindschaft nicht; ich habe dir ja auch schon manchen Taglohn abgewonnen; unter guten Freunden gleicht sich Gewinn und Verlust aus und beider Kurzweil ist gemeinschaftlicher Hauptgewinn. Da steck' auf den Weg noch eine gute Cigarre an!" So gingen sie miteinander fort und das Thal hinab und Balz fing an zu jodeln und bald sangen sie zusammen Kuhreihen und Volkslieder.

Ich aber stieg einsam nach Stachelberg hinab, kehrte mich noch oft um und sah das hellste Abendroth am Tödi und den Klariden verglühen und den Mond dann aufsteigen über den weißen Gletschern und Firnen. Und auf den heitern Tag folgte eine sternenhelle Nacht glänzend auch von den Firnen herab.

Stachelberg, Mitte Heumonats 1860.

Ich komme hier zu vielen Bekanntschaften mit Nichtschweizern und Schweizern, besonders auch mit Glarnern. Einige dieser letztern machen hier einen Sommeraufenthalt, andere fahren in zahlreichen Gesellschaften fast sonntäglich hieher, genießen aber den Sonntag mehr an der Tafel als auf den schönen Höhen des Thales. Sie werden ihnen schon zu bekannt und ihre Ersteigung mag ihnen nicht eine Erholung sein von der Wochenarbeit. Zudem kommen viele im Begleit ihrer Frauen, Töchter, Freundinnen oder Bräute. Du könntest in einer Weltstadt nicht ausgesuchter und köstlicher gepußte Frauen sehen; und unter ihnen begegnen mitunter auch seltene Schönheiten, ihrer Mundart nach meist Landeskinder. Diese nun in ihren überschwänglichen Gewändern könnten nicht ohne bedenkliche Hindernisse auf den steilen, steinigen und engen Pfaden und durch das Gezweig hinauf und über die lose in den Bächen liegenden Steine zu einer Alp empor steigen, und so ergehen sie sich in den anmuthigen Anlagen rings um das Badhaus am hernieder brausenden Brummbach, athmen da kühle und reine Luft; und durch die grünen Schattengänge schimmert noch lebhafter das bunte Seidengewand oder das blendend weiße, köstliche gestickte Ballkleid. Es ist nicht umsonst zum Sonntagskleid gewählt worden, denn nach der Tafel wird etwa auch noch in dem weiten, schönen und luftigen Saale getanzt.

Indessen genießen weniger Tanzlustige den heitern Abend auf dem gegen den Töbi schauenden Balkon oder lieber außer dem Bereiche der unsonntäglichen Tanzmusik auf einem der das Thal überschauenden Bänke an der Halde hinter dem Badhause oder weiter oben im Waldhäuschen. Nicht leicht setzest du dich neben einige dieser Handelherrn von Glarus, daß der eine nicht erzählt, was er in Konstantinopel, der andere, was er in Calkutta, in Neu-Orleans oder in Rio Janeiro erfahren. In Europa's Hauptstädten sind fast alle gewesen. Es sind meist sehr verständige und erfahrene Männer, kundig des Welthandels, ebenso unternehmend als vorsichtig, mit einem weiten und scharfen

Blick über die Weltlage und die wahrscheinlichen Wendungen der Tagesbegebenheiten. Andere und zwar meist unabhängige Männer widmen sich der Verwaltung ihres Landes, sind Rechts- und Geschichtskundig, einige gelehrt, auf deutschen Universitäten und durch Reisen gebildet, etliche so belesen, daß nicht leicht in mehr als Einem Fache irgend ein ausgezeichnetes Werk genannt werden kann, das ihnen unbekannt wäre. Ich verbrachte mit solchen Männern die angenehmsten und lehrreichsten Stunden. Einige sind ungemeine Kenner der Geschichte ihres Vaterlandes, andere haben seinen Boden und sein Gebirg des genauesten durchforscht jedes Blümchen, jeder Stein im Geröll, jedes Insekt ist ihnen bekannt;

> Das ist ihre Beute,
> Was da kreucht und fleucht.

Gegen ihr Wissen kommen uns die gewöhnlichen Wegweiser und geschichtlichen Handbücher dürftig vor und einen solchen Freund seines Vaterlandes, einen solchen Kenner der Natur und Geschichte desselben sollte man zum Führer haben. Und doch stellen einige Schweizerregierungen selbst im Fache der Geschichte und Naturgeschichte und in andern Fächern, in welchen das Vaterländische vorherrschen kann und soll, selbst bei gleicher Befähigung zur Erziehung der Landessöhne lieber den Nichtschweizer an als das Landeskind. Der Gewalthabende und Herrschsüchtige hofft vom Fremdling eher Unterthänigkeit, verrechnete sich aber schon oft gar sehr. Anderseits ist die politische Konfessionssucht blind und bornirt, ausschließend und verfolgungssüchtig wie jeder andere Fanatismus. Und jeder Sturm fordert auch wieder seine Zeit zur Beruhigung.

Anders ist es freilich in den sogenannten kleinern Kantonen, unter den rein demokratischen Verfassungen bei der Besetzung der

Staatsämter und der Gerichtsstellen. Sie sind so viel als nicht besoldet. Nur der unabhängige Mann kann ihre Verwaltung übernehmen und sie wird von dem verständigen, klugen, rechts- und geschichtskundigen Volke meist nur den Wägsten und Besten anvertraut. Und das ganze Volk würde sagen: ein Fremdling kann uns weder regieren noch richten, das kann nur einer der Unsern; er muß auch „ländlich" reden können.

Mit etlichen solcher angesehensten Landesvorsteher und Handelsherren wurde ich vertrauter und sie luden mich wiederholt und freundlichst ein, ich möchte sie in Glarus besuchen. Das geschah denn auch; und ich habe in Glarus einige sehr vergnügte Tage nicht ohne mannigfache Belehrung zugebracht.

Schon die vielen und großen Fabriken in und um Glarus, welche spinnen und weben, färben und auf gefärbte Tücher immer neue und bunte Zeichnungen drucken: das Alles ist sehr sehenswerth und Du befindest Dich in dem kleinen Lande und in den engen Bergen mitten auf dem weiten Markte des Welthandels. Da sind Stoffe, sie werden in den Kaufläden in Smyrna oder Konstantinopel oder Kairo ausgemessen werden, Kleider, mit denen sich der Hindostaner putzen wird an den Festen seines Brama, Wischnu und Siwa, Kopfbinden für die Muhamedaner in aller Welt.

Wie solche hier verfertigten Stoffe in alle Länder gehen, so haben auch die sie verkaufenden Handelsreisenden Seltenes und Köstliches aus der Nähe und Ferne als Grüße mit sich heimgebracht.

Es sind in Glarus, wie ich nun selber gesehen, einige Häuser so reich und geschmackvoll gebaut und eingerichtet, mit allem, was zum Schmuck und zur Bequemlichkeit gehört, in solcher Fülle und in so feiner Auswahl ausgerüstet, daß die

Wohnung eines reichen Pariser oder Londoner Kaufherrn nicht glänzender ausgestattet sein kann. Ich sah da den zierlichsten Hausrath in den neusten Formen, Tischlerarbeiten, die schwerlich am Ort selber gefertigt, sondern aus der Ferne werden beschickt worden sein, große auch breitere Blenden erfüllende Spiegel, Vorhänge an Fenstern und Betten, breite und hohe bewundernswürdige Stickereien; Teppiche über den ganzen Boden auch großer Säle hin, wahre Blumengemälde. Ich fand da in mehr als Einem Hause nicht nur etwa Ein Prunkzimmer, sondern alle großen und kleinern Stuben in der nämlichen Sorgfalt und Fülle versehen mit Allem, was zur Wohnlichkeit gehört und was darüber hinaus noch die Mode und die Freude an Glanz und Zier erfunden hat.

Ich war in einem Haus, dessen Besitzer jedem Zimmer durch Farbe, Auswahl der Geräthschaften und Einrichtung einen eigenen bestimmten Ausdruck zu geben wußte; das Sinnreiche herrschte vor und gefiel mehr als bloß nachgemachter und wetteifernder Prunk.

Ein Anderer hatte das im Aeußern alterthümliche Haus auch im Innern mittelalterlich ausgerüstet und verziert. Da war an Thüren und Dielen, an Schränken, Stühlen und Tischen lauter Schnitzwerk, das Meiste wirklich sehr alt, Vieles von Meisterhand; Teppiche, Vorhänge, Polster, Gold- und Silber-, ja Porzellan- und Glas-Geschirr in eben demselben Style der Vorzeit geformt und geziert; und in den Fenstern prangten köstliche, meist alte und von Künstlerhand gefertigte Glasgemälde.

Wieder einer der vielfach unterrichteten Herren, die mich zu sich eingeladen, zeigte mir eine äußerst reiche und werthvolle Sammlung goldener und silberner Denkmünzen, Ehrenketten,

Siegelringe, geschnittene Steine; in einem engen Raume eine Fülle der seltensten Kostbarkeiten, gleichsam eine in Gold geprägte Weltgeschichte. Die die Schweizergeschichte betreffenden Denkmünzen versicherte er alle zu haben.

Bei einem andern Freunde fand ich eine feine Sammlung guter und selbst vorzüglichster und klassischer Gemählde. Der gelehrte und reiche Kenner hatte, wie der Besitzer der Münzensammlung, schon mehrere Jahrzehnde, was er an bessern Gemählden im In- und Auslande ihm Zusagendes gefunden, gekauft, anderes vertauscht, und lebte ganz in dieser seiner schönen Sammlung. Er zeigte sich in der Geschichte der Mahlerei sehr unterrichtet, und sein Urtheil über Anlage und Ausführung eines Gemähldes war fein und zeugte von höhern Ansichten der Kunst.

Eben so viel Genuß wie beim Betrachten dieser Münz- und Gemähldesammlungen fand ich bei den Geschichtsforschern, die mir ebenfalls viel Freundlichkeit erwiesen. Da sah ich schon von Urgroßvätern und Ahnen gesammelt die seltensten Urkunden, Pergamente und Druckschriften, eine Menge auch dessen, was die mir das Alles vorweisenden Enkel selber zusammengebracht, abgeschrieben, erforscht und verarbeitet. Ich mußte ihre Gelehrsamkeit und ihren Fleiß gleich bewundern und denken, was ist das doch für eine andere Vaterlandsliebe, welche mit einer gewissen Innigkeit und Verehrung alles Edlere seines Volkes und der Geschichte desselben aufsucht und aufbewahrt und hegt und pflegt, wie dem Pflanzenkundigen gerade die seltensten Blümchen so viel werth sind als Edelsteine; welch eine andere Vaterlandsliebe, als welche nur in einem Geklingel nachgeplapperter hochtönender Wörter und Redensarten besteht und im Haschen nach Amt, Macht und Geld.

Von diesen Männern vernahm ich auch, es seien in Glarus

noch viele Häuser, in denen mancherlei werthvolle Merkwür‍digkeiten, Geräthschaften, Schmucksachen, Becher, Bilder und dergleichen, welche von Ahnen herstammend forterben, nie ver‍äußert werden und zur Geschichte der Familie gehören. Es sei auch des Glarners Art, bis zum Fabrikarbeiter hinunter suche jeder sein eigenes Haus oder Häuschen zu haben und es so gut als möglich einzurichten; auch der Aermere besitze ein gutes Bett, und in dem reinlich gehaltenen Stübchen manches Fabrik‍arbeiters mangeln sogar feinere Vorhänge und selbst ein gepol‍stertes Ruhebett nicht, wenn schon weder Mann noch Frau noch Kind sich jemals auf dasselbe setze.

Ich melde das gerne, da sonst die Meinung verbreitet ist, die Fabrikarbeiter seien ein genußsüchtiges und leichtsinniges Volk, das den mühsam verdienten Wochenlohn Sonntags wieder ver‍putze und verjubilire. Beispiele solcher fast ausgelassenen und nicht leicht zu sättigenden Lustigkeit sind mir zwar auch schon vorge‍kommen. Aber der Fabrikarbeiter, der die ganze Woche von früh bis spät und oft bis spät in die Nacht in den meist heißen, mit üblem Geruch erfüllten Arbeitssälen in der ermüdenden Anstren‍gung zubringen muß, hat ein Bedürfniß nach freier Luft, nach Abspannung; ein Aeußerstes ruft dem andern: das schmutzige Kleid, in welchem gearbeitet werden muß, dem Sonntagsputze; und weil der echte theuer ist, dem bunten Schein und Flitter; die maschinenmäßige Arbeit ruft der freien Bewegung in Tanz und Spiel. Aber wer denkt daran, diesem doch in vielen Be‍ziehungen mühseligen Volke eine wirkliche edle und veredelnde Sonntagserholung zu bereiten? Mit bloßen Klagen und Verboten ist da nicht geholfen.

Stachelberg, Ende Heumonats 1860.

Ich hatte wieder als Ausnahme einige regenlose, ja ganz heitere Tage, und stieg, wie ich pflege, einsam und ohne Begleit und Führer, auf die näheren Höhen; so war ich denn auch auf der Braunwaldalp. Der Pfad führt sogleich hinter dem Badhause empor und ist, da die Bergleute täglich herab- und hinaufgehen, sehr betrieben, aber beßwegen nicht wegsamer, sondern voll Geröll und eng, bisweilen ziemlich steil, auch etwa naß, wo Wasser stehen oder Bächlein hinabfließen, über die dann auf lose liegenden Steinen geschritten werden muß; aber meist ist der Steig schattig, gewährt aber oft Ruhepunkte mit Aussichten ins Thal und auf die Höhen ringsum. Ich stieg in der Kühle des Morgens empor; diese Morgenluft der Berge ist der erfrischendste Gesundheitstrank und immer labender und stärkender, je höher man steigt. Das fühlen die Bergleute nicht wie wir aus den engen und dumpfen Gassen wie aus Höhlen ans höhere Tageslicht endlich Emporgekommenen. Wie wird es einst der dem Gassenleben entrückten Seele sein, verjüngt zu athmen den neuen Morgen voll Duft und Glanz! Bergfinken sangen in den Zweigen voller, reicher und heller als die im Thal. Sonst war Alles still um mich und feierlich, wie wenn es Sonntag wäre; nur die nahen Bäche rauschten: der Brummbach, in dessen Nähe ich hinaufstieg, und von jenseits der ab dem Hausstock herniederbrausende Durnagelbach. Man sieht weit in sein Thal hinauf, aus dem er schäumend herniederbraust durch dunkle Wälder, welche von seinem Ufer zu den Höhen steigen, und welche die grünsten Alpenmatten umschließen; die um so heller prangen, je dunkler die Wälder, die Felsen sind und auch die Gletscherwasser, von deren Staub sie auch in den heißen Mittagsstunden bethaut werden.

„Höher hinauf!" sagt nicht nur der Steig, sondern ermunternd auch bei jedem Durchblick aus dem Wald die immer weitere und erhabenere Aussicht nach dem Tödi südlich, östlich auf den Hausstock und nördlich hinaus auf die Höhen des Freibergs.

Oben endlich aus dem Wald und seinem engen Felsensteig hinaus trittst Du auf die sonnigen und duftigen Matten der Braunwaldalp. Wie anmuthig steigt sich's durch die grünen Wiesen; der Pfad führt zu den Städeln und den Sennhütten empor und bald an ihnen vorüber und zu andern hinauf, wo der Ausblick noch weiter sein wird. In den Matten und Hütten zeigt sich Niemand; die Leute müssen auf ihren entfernteren Wiesen heuen. Sie trauen dem Landsfrieden, denn ihre Wohnungen sind nicht verschlossen. Um mehr als eine herum ging ich und rief „guten Tag!" zu den offenen Fenstern und Thüren hinein. Aber Niemand antwortete. Nett und ordentlich aufgeräumt, wie in den Berghäusern der Emmenthaler und Berner Oberländer ist es um und in diesen Sennhütten der Glarner nicht. Aber ein freieres Herumliegen und Herumstehen der Geräthschaften ist um so mahlerischer; so waltet auch in den Gärten vor den Wohnungen eine ungezwungenere poetische, scheinbare Unordnung, wo Kraut, Bohnen und Salat etwas unter einander wachsen und nebenan auch einige Blumen blühen, Rosen, Lilien und Nelken. Aber gerade so sind diese Gärten ganz geeignet in den Vordergrund einer Landschaft aus dieser Gegend, so wie auch der alterthümliche Brunnen mit seinem morschen Brunnenstock, durch den aber im mächtigen Strahle das klarste und frischeste Wasser strömt. Die Häuser von Holz sind dunkelbraun, neuere Anbauten lichter braun bis ins weißlich gelbe. Diese Farben und die der graulichen Dächer von Schindeln, welche mit schwärzlichen Steinen belastet sind, und die buschigen und schattigen dunkelgrünen Obstbäume um die Hütten herum: das Alles spielt in der lieblichsten Uebereinstimmung der Farben auf dem saftigen Grün der Wiesen und den scharf beleuchteten Felsenwänden der nahen Gebirgsstöcke mit ihren Bächen, Schneehalden und Gletschern.

Weiter oben winkte ein Hügel mit einigen hohen, schattigen Buchen. Dort setzte ich mich in Gras, Moos und Blumen, genoß und genoß all das Liebliche und Erhabene ringsum und zeichnete auch einige Umrisse gegen Süden hin, wo im Hintergrunde mit dem klarsten Glanze der Tödi glänzte und die Klariden und der Selbsanft und vor mir nackte, braune Felsenhöhen des Ort- und Scheienstocks. Von diesen her durch ihr schwarzes, im Morgenlicht nun aber röthliches Gestein schäumten die Bäche, im vollsten Schwall wie aus der Felswand heraus, besonders der Brummbach. — Wie ziehen doch unten im Herbste ihres Lebens die Ströme so feierlich dahin, still, klar und tief, voll Himmelblau, Sonnen- und Sternenglanz und haben als Jünglinge vom Berge gekommen, in der Fülle der Jugendkraft gebraust und gejubelt; und sind die stillen Ströme doch noch unendlich viel mächtiger und stärker denn sie damals waren, wo sie als Gieß- und Sturzbäche ins Thal riefen: „Wir kommen, wir kommen mit frischen Kräften und in unerschöpflicher Fülle." Die höhere Gebirgsgegend ist stille, fast lautlos, aber solch ein mächtiger und endloser Sprudel zum Fels heraus ist ein forttönendes Wort des Lebens, der Lobgesang Tag und Nacht.

Ich lauschte wieder nach allen Seiten, aber keine Heerdenglocke tönte, kein Dengeln der Sense, kein Hündlein boll. Ich stieg weiter hinauf; endlich hörte ich durch ein oberes Wäldchen her singen; es war eine frische und starke Frauenstimme. Sie sang die Weise des Morgenliedes:

> Morgenglanz der Ewigkeit,
> Glanz vom unerschöpften Lichte,
> Schick uns mit der Morgenzeit
> Deine Strahlen zu Gesichte,
> Und vertreib durch deine Macht
> Unsre Nacht.

Ich glaubte auch diese Worte zu vernehmen. Ich stieg den Tönen nach und sah dann weiter oben am westlichen Saume des Wäldchens eine ältere Frau, welche frisch gemähetes Gras verzettelte. Ich grüßte; sie erwiederte ungemein freundlich und meinte, es komme selten ein Badegast so frühe herauf. „Ihr seid aber noch früher gewesen denn unsereiner", antwortete ich. „Wir müssen diesen Sommer, sagte sie, jeden heitern Tag von seinem ersten bis zu seinem letzten Fünklein benützen. Wir haben nach diesem heutigen klaren Himmel und kräftigen Sonnenschein schon seit vielen Tagen ausgesehen und darum gebetet. Wenn wir nicht heuen könnten, kämen wir auf den Winter in die bitterste Noth und ein Theil des Viehes müßte verkauft werden. Aber heute bringen wir, so Gott will, fast all unser Heu unter Dach. Es wird heiß und hier in der Bergluft und bei diesem trocknen Winde wird das Gras bis auf den Abend gänzlich dürr." Das sagte sie, indem die zwar ergraute, aber noch rüstige Frau emsig fortarbeitete und neue Mahden flink verzettelte.

Indessen sang es wieder durch das Wäldchen und ich hörte deutlicher die Worte aus jenem Morgenliede:

> Deiner Gnade Morgenthau
> Senk', o Herr, auf uns hernieder.

„Das ist eine schöne Stimme, sagte ich, die singt mit den Bergfinken um die Wette. Und sie singt ja ein geistliches Morgenlied." „Das ist schön, Herr, sagte die Frau, daß Ihr das wisset; den meisten Herren sind sonst solche Lieder unbekannt und etwas, worüber sie gerne spotten." „Der Spott fällt auf sie, antwortete ich; aber wer singt da drüben so hell und erbaulich?" „Es ist meine Tochter, erwiederte die Frau, sie hat heute, sobald es zu tagen begonnen, angefangen, diese Matte zu mähen und ist damit fertig worden, während ich in unserm Stabel dort unten das Vieh besorgte und die Morgensuppe kochte; und jetzt mähet die Tochter noch eine zweite Matte oben an diesem Wäldchen; und wenn sie die Sense wetzt, singt sie wieder ein Gesatz aus einem unserer Morgenlieder, wie wir sonst eines derselben vor der Morgensuppe zu unserm Gebet in unserer Kammer singen. Sie singt die Worte auch zu mir herunter und ich summe sie während des Verzettelns nach. Aber das Wetzen der Sense läßt ihr nicht mehr Zeit als je eine oder zwei Zeilen zu singen." „Das wundert mich, sagte ich, daß eine Tochter bei der ermüdenden Arbeit des Mähens noch singen mag." „O die ist gar eine unermüdliche, antwortete die Mutter, sie arbeitet mit jedem Senn in die Wette. Und noch lange vor dem Mittag will sie die obere Matte fertig gemähet haben. Ich glaube aber, sie hat sich zu viel vorgenommen. Jetzt sehet, bin ich mit dem Verzetteln hier zu Ende und gehe nun hinauf, sie wird schon viele Mahden hinter sich haben." „Ich komme mit, wenn ich darf, sagte ich, und wollte, ich könnte Euch helfen." „Kommet nur, antwortete sie; aber die Herren und Frauen im Bad sollen ja spazieren, das gehört zu ihrer Kur." „Ihr macht, sagte ich, allewege die bessere Kur mit euer Sennenarbeit und so habet ihr das Bad nicht nöthig. Aber doch einen Gehülfen hättet Ihr heute nöthig und ich wollte, ich könnte Euch auch nur ein wenig behülflich sein." "Wir vermögen überhaupt keinen Taglöhner, antwortete sie, geschweige denn einen so vornehmen." "Oder einen so unnützen und unbrauchbaren", fuhr ich fort. "Nein, sagte sie, das wollte ich nicht sagen. Hülfe könnten wir heute allerdings brauchen, denn wie morgen das Wetter sein wird, ist ungewiß. Können wir aber heute noch das Heu einbringen, ist für einen großen Theil des Winters gesorgt. Unser Häuschen dort, das mit den vielen Obstbäumen im Gärtchen, dem Stadel daneben und hier diese zwei großen Matten und einige andere kleinere, schon gemähete haben wir in Pacht. Mein Mann ist schon vor mehreren Jahren gestorben. Meine Fridoline half mir seitdem redlich, und wir sind im Stande, noch etwas mehr als den Pachtzins zu gewinnen."

So sprach sie mir von ihren Verhältnissen, indem wir durch das schattige Wäldchen zur oberen Matte hinaufstiegen.

Wie wir aus dem Wäldchen traten, sahen wir die Mäherin, sie war wieder zum obern Rand der Matte hinaufgestiegen, um einen neuen Schnitt hinunter zu mähen; sie wetzte, sang jetzt aber nicht; ich vermuthete, weil sie mich erblickt hatte. Alsobald wieder in raschen Zügen mähend, kam sie Schritt um Schritt bergab. "Ja du wirst noch vor Mittag fertig, sagte die Mutter; hast ja schon fast den dritten Theil der Matte gemäht. Du bist recht fleißig gewesen." "Wenn's nur so fortginge, antwortete die Tochter; aber schon wird es warm; und jetzt sollte das Gras schon alles gemäht sein, sonst wird es nicht mehr dürr."

"Der Herr da will uns helfen, sagte die Mutter. "Er wird spaßen, antwortete die Tochter; aber zürnet nicht, ich habe Euch nicht einmal gegrüßt." "Das habt Ihr freilich, sagte ich; schon von Ferne sanget ihr auch mir einen guten Tag entgegen und wecktet Ihr auch mich, einzustimmen:

Morgenglanz der Ewigkeit."

„Es ist wahr, antwortete sie, das habe ich gesungen; aber leichter könnte der Herr das mitsingen, denn mitmähen. Aber wenn Ihr wollet, so greifet an; zwei Sensen sind nicht da, aber noch eine Heugabel zum verzetteln; da habt Ihr Zeit, mit der Mutter zu sprachen; und ich darf nicht rasten"; und so mähete sie weiter.

Ich mußte über die Schnelligkeit und Kraft ihres Schnittes staunen; und doch erschien sie nicht hoch und stark gebaut, vielmehr von feineren Formen und mittlerer Größe. Ihren ungemein schönen Kopf beschattete ein weißer Strohhut; die blanken Aermel waren über dem Ellbogen aufgewunden, der Vorderarm und die kleine aber feste Hand von der Arbeit gebräunt. Der weiße Hals war unverhüllt; das Mieder unter ihm um einige Haften gelüftet; der faltenreiche dunkelblaue Rock reichte ihr nicht bis zum Knöchel und hinderte nicht ihr Schreiten. Sie war nackten Fußes und hatte den ganz kleinen Holzschuh, der nur eine Sohle ist und Zehe und Rist nicht bedeckt, mit Riemen am weißen und feinen, jetzt im Thau gebadeten Fuße befestigt. Sie sagte, während sie wieder die Sense wetzte, und da ich gefragt, ob sie so nicht friere: „Ich kann so mit der gutbeschlagenen Sohle auf dem glatten Rasen fester fußen, und die Nässe des thauigen Grases ist mir so weniger unangenehm als im Strumpf und Schuh, welche länger naß blieben denn der nackte Fuß." „Zahnweh und Schnuppen sind da oben nicht einheimisch, sagte die Mutter. Wir erkälten uns nicht so leicht."

Es schämte mich, so müßig plaudernd da zu stehen und den emsig Arbeitenden zuzusehen, ich zog daher den Rock aus, ergriff die zweite Heugabel und fing an zu verzetteln, mußte aber erst noch lernen, die Gabel recht anzufassen. „Das wird auf der Alp zu reden geben, sagte die Mutter; die Nachbaren werden sagen, unser Pachtherr, dem diese Matten gehören, sei herauf gekommen und habe mitgeheuet, nicht so fast unsert- als des lieben Viehes wegen; damit das Heu heute noch hinein komme und er seinen Viehstand nicht mindern müsse.

Während sie dieß erwiederte, schaute die Mutter zu ihrem Hause hinunter und sagte: „Dort geht einer mit einer schweren Bürde Heu auf seinem Rücken gegen unsern Stadel; und schau! er steigt mit demselben die Leiter hinan auf den Heuboden. Das wäre lustig, wenn jetzt wieder, wie in der alten Zeit, die Zwerge und Bergmännchen kämen und hülfen uns heuen und gar noch das Heu heimtragen. Und schau! jetzt steigt er wieder herab und nimmt unter dem Dache neben unserer Hausthür unsere zweite Sense herab und den Wetzstein mit dessen Futter und gürtet es um und jetzt steigt er zu uns herauf. „Das ist der Just", sagte Fridoline etwas leise, nachdem auch sie hingeblickt hatte.

Er war bald bei uns und ich erkannte sogleich den blonden Krauskopf, den ich vor dem Tödi-Wirthshäuslein einige Wochen früher angetroffen hatte. Er erkannte auch mich und sagte: „Das ist mir noch nie vorgekommen, daß einer der Herren Badgäste auf eine der Alpen in den Taglohn getreten." „Ich wollte versuchen, antwortete ich, wie hieoben eine Milchsuppe schmecke, welche man selbst verdient." „Aber woher kömmst du, Just? fragte die Mutter. Hast das Heu in unserm Stadel eingestellt, um es dann in das Thal zu tragen? Und willst du in der Gegend mähen, daß du meine Sense und den Wetzstein von unserer Hausthüre weggenommen?" „Ich bin, sagte Just, heute sehr früh von der Kammeralp, wo ich einige Schafe laufen mußte, die mir nun ein Bube ins Dorf treibt, herüber gekommen und sah auf einer hintersten, kleineren Matte noch eine Bürde Heu, das, schon dürre, vom frühesten an der Sonne gelegen, wieder trocken geworden war. Ich dachte, ihr werdet heute mit Heuen genug zu thun haben, entlehnte im nächsten Stabel ein Tragetuch, und wollte euch so den letzten Rest eures dortigen Heues herüberbringen. Und jetzt sehe ich, ist auch hier noch genug zu thun, wenn diese Matte noch vor Mittag soll fertig gemähet sein. Wenn daher die Mutter und Friboline nichts dawider haben, so helfe ich Euch zu Ende mähen."

„Du versäumst deine Arbeit, sagte die Mutter." „Ich habe bereits meinen Taglohn verdient, antwortete Just; und in diesem nassen Sommer muß eins dem andern retten helfen, wie sonst in einer Wassersnoth. Und mähe ich nicht mit, hat der Herr da nicht genug zu verzetteln und kömmt nicht zu seiner Milchsuppe." „Es ist dem Just auch um diese zu thun, antwortete ich; nur kann er die Sache eher fördern denn ich." „Ja, sagte Friboline, wenn du denn mithelfen willst, Just, so sind wir schon um zehn Uhr mit Mähen fertig und in den Mittagsstunden wird dann das Heu vollkommen dürr. Du hast mir schon mächtig geholfen, daß du die Heubürde von der hinteren Matte in unsern Stabel eintragen wolltest; der Weg ist weit und jäh und die Last wird schwer gewesen sein; ich hätte das Heu kaum in Einem Male heimgetragen." „Ich glaube doch, sagte Just; denn ich sah dich schon Bürden tragen; es trägt kaum ein Hirt schwerere."

Jetzt hatte Just seine Sense gewetzt und schnitt nun an Friboline's Seite die Matte hinunter; sie in die Wette noch rascher als früher. Beim Wetzen jodelte er, daß es in Wald und Felsen klang, und der Ton war lauter Lust und Freude. Vor zehn Uhr lag alles Gras in Mahden und nun wollten sie Friboline und Just noch zu Ende verzetteln; die Mutter sollte aber in die Hütte hinunter, die Milchsuppe zu kochen und Anderes in Haus und Stall zu besorgen. Ich zog es vor, mit ihr hinab zu gehen, saß dort noch, während sie kochte, in den Schatten und zeichnete die Hütte, den Stabel und die Umgebung.

Als Friboline und Just die Mahden verzettelt und das Heu auf der untern Matte gewendet hatten, kamen sie zur Hütte herab. Just fragte nach mir und kam unter die Bäume, mich zum Essen einzuladen. Er sagte, indem wir zur Hütte gingen: „Ich bitte Sie, erwähnen Sie doch dessen nicht, daß Sie mich vor einiger Zeit im Tödi-Wirthshäuschen mit dem Balz haben trinken und Karten spielen sehen. Die Mutter der Friboline ist dem Balz nicht hold. Ich war schon diesen Morgen in Sorgen, Sie würden etwa nach dem Balz fragen und da würden Sie auch erzählen, wie Sie uns in jenem Wirthshäuschen gefunden. Sie müssen aber etwas der Art gewittert haben, denn Sie thaten auch nicht dergleichen, als ob Sie mich schon gesehen hätten, und doch erkannten Sie mich, wie ich alsobald merkte." „Ich verstehe, antwortete ich; und ich wünsche Euch von Herzen Glück und ein gesegnetes Heuen. Aber daß ein Balz keinen Segen bringe, will auch mir scheinen." „Er ist mein Schulkamerad, sagte Just, und meint es wohl mit mir und hat mir schon manche Gefälligkeit erwiesen, auch ist er Unteroffizier in der Scharfschützenkompagnie, zu der ich gehöre."

So waren wir zum Sennhause gekommen. Wir traten ein. Die kleine und niedere Wohnstube war reinlich aufgeräumt; der Duft des Heues, das jetzt rings auf allen Matten lag, wehte herein; vor den Fenstern prangten rothe, braune und weiße Nelken; durch die Obstbäume des Gärtchens schauten ins Stübchen herab der Haus- und Kärpfstock, der nähere Saasberg und die obern Fälle des Durnagelbachs. Wie armselig sind auch Thronsäle gegen ein solches Stübchen eines Aelplers!

Die Mutter hatte den Tisch gedeckt; seine Platte war eine große, mit einem hölzernen Rahmen umfaßte schwarze Schiefertafel. Auf dieser stand eine blanke Gepse mit dampfender Milch, daneben ein großes weißes Brot, ein angeschnittener Käse und eine Schüssel der frischesten Butter.

Nun trat aus der Schlafkammer nebenan auch Fridoline, sie hatte den Strohhut abgelegt, ihr braunes, reiches Haar geordnet, um den Hals ein blaues Seidentüchlein lose geknüpft und in ihr kleines Ohr sogar ein goldnes Gehänge gelegt.

Ich sollte nun obenan sitzen, den Rücken gegen das Fenster gekehrt. „Laßt mich untenan, sagte ich, und das Fenster frei sein. Es können Jahre vergehen, ehe ich an einem Mittagessen wieder eine so köstliche Aussicht genieße." „Wenn Ihr Euch denn nur auch mit der Aussicht sättigen könntet, bemerkte Fridoline; denn sehet, die ganze Mahlzeit steht vor Euch!" „Reich und rein und wohl auch gewürzt genug, sagte ich. Im Bade leben wir nur zu üppig und verderben wieder, was Luft und Wasser gut gemacht haben. Man würde an Eurem Tisch wohl eher an Leib und Seele gesunden."

So setzten wir uns, die Mutter und Fridoline hinter den Tisch an die Wand, Just ihnen vorüber und ich untenan neben Fridoline. Mit weißen runden Löffeln von Ahorn wurde die Milch aus der Gepse und Käse und Brot und Butterbrot dazu genossen. Ich strich mir nur eine kleine Schnitte, da sagte Fridoline: „Das scheint Ihr nicht recht zu verstehen; Ihr müßt uns nicht hungrig vom Tisch"; und so belegte sie mir eine große Scheibe hoch mit der süßen Butter. „Und Käse, sagte sie, müßt

Ihr auch noch dazu essen, sonst macht Euch die Milch nur blöde." „Ihr habet, bemerkte die Mutter, wol einen Kaffe erwartet, und Ihr hättet auch einen bekommen, aber wir sind mit den Kaffebohnen ausgekommen nnd der Bube, der uns, was wir bedürfen, aus dem Thal herauf bringt, kehrt erst am Abend zurück. Bleibet bis dann bei uns, so trinken wir am Abend noch einen frisch gerösteten Kaffe mit Nidel, wie Ihr im Bad keinen besseren bekommt. Auf den muß sich nun auch Just vertrösten." „Es ist gar nicht nöthig, antwortete dieser, mich darauf zu vertrösten; eure Milch und Butter und der Käse und das Brot könnten ja nicht schmackhafter sein, sie erfrischen und halten uns wol bei Kraft, bis wir diesen Abend alles Heu unter Dach haben. Sehet, der Nachmittag bleibt heiter; es zeigt sich auch hinten am Tödi und Selbsanft kein Wölklein; wenn sie dort aufsteigen, wird der Föhn wieder Meister, heute aber bleibt es der Ostwind."

Ich schaute wieder auf in den Glanz des Gebirges, aber auch in die leuchtenden gescheiben und gütigen Augen meiner Nachbarin.

„Ich wollte, sagte ich weiter, ich könnte einen Sommer bei Euch zubringen." „Das würde Euch bald erleiden, sagte Fridoline, unser Leben ist gar zu einfach und ein ewiges Einerlei." „Und doch noch um etwas schöner, fuhr die Mutter fort, denn das Einerlei einer Fabrike; hier oben ist ja doch kein Tag, ja kein Augenblick wie der andere; jeder Morgen ist neu; vom ersten Frühlingstag bis spät in den Herbst gibt es täglich etwas Neues, neue Blumen, neues Gras, neues Wasser mit jedem Schwall des Brunnens oder Baches, etwa auch ein neues Kälbchen, ein neues Lämmchen und am Himmel neue Schäfchen. Auch die Sterne und der Mond scheinen jede Nacht anders, und wie anders der Schnee und Firn am Morgen und Abend, durch Regen und Wolken, im Sonnenschein oder Gewitter. Wie kannst du denn sagen, es sei da oben ein ewiges Einerlei? Und wer könnte sich in die engen Wände, in die dumpfe und heiße Luft, in das eiserne Gerassel einer Fabrike hinunter wünschen? Aber das leichte Fabrikvolk denkt nur an die lustigen Sonntage." Just bemerkte: „Eine gute Anstellung in einer Fabrike bringt uns eher zu Wohlstand; dagegen bleibt ein Pächter auf der Alp meist Zeitlebens ein abhängiger Lehensmann." „Aber er bleibt doch glücklich und gesund und zufrieden, sagte die Mutter; und wir haben nichts in die Welt gebracht; so ist's offenbar, wir können auch nichts hinaus bringen."

„Allein im Winter, fuhr ich fort, muß es doch bei Euch einsam sein." „Oder langweilig, wollt Ihr sagen, bemerkte die Mutter; da soll die Fridoline reden, denn wir alten Leute spüren viel weniger, was Langeweile ist." „Ganz einsam sind wir nicht, sagte Fridoline, irgend einen Nachbar oder eine Nachbarin sehen wir fast alle Tage und selbst öfter als im Sommer, wo Alles auf den Weiden ist. Und Langeweile haben wir auch im Winter nicht, denn wir haben unser Vieh zu besorgen, wir machen Butter, wir spinnen und weben und nähen; ein Tag vergeht nach dem andern, man weiß nicht wie; und ehe man sich's versieht, ist wieder Weihnacht und Neujahr da und die Tage werden länger." „Und dann, fuhr die Mutter fort, kommen die Stürme und die Gestöber, alle Tage etwas Neues, bis am Ende Alles wieder neu wird. Ich habe dagegen schon gehört, daß Ihr in den Städten viel Einerlei und wenig Neues habt und daß Ihr das langweilige Einerlei sogar in die Bäder bringt. Ich habe schon Herren, die bei uns einkehrten und denen ich einen Kaffe kochen mußte, klagen hören, wie sie, wenn im

Bad an der Tafel sie weniger angenehme Nachbarschaft gefunden, Langeweile haben und das ewige Einerlei ihres Stadtlebens wieder hören müssen. Und saget selber, Herr, ist die immerwährende Begierde nach etwas Neuem nicht auch ein Einerlei? Es hat mir schon vorkommen wollen, sie sei eine neue Krankheit, die man sonst in unsern Bergen so wenig kannte als die Fabriken. Zwar redet auch schon Paulus von dieser Sucht, Ihr heißt sie, glaub' ich, Mode- oder Putz-, Klatsch-, Spielsucht, und was der Süchten mehr sind der Langenweile und des Lustigmachens. Der Apostel Paulus sagt: die Athener alle sind aufgelegt zu nichts anderm, denn immer etwas Neues zu sagen und zu hören. Dagegen sagt er: Erneuert euch im Geist eures Gemüthes."

„Ihr wisset das Alles besser als mancher Pfarrer", sagte Just. „Es ist nichts desto besser, antwortete die Mutter; denn auch mancher Pfarrer ist ein Athenienser und macht ein neues und ein eigenes Evangelium und verfälscht das Wort. Es ist aber gut, daß wir es haben und daß wir uns selbst zu erbauen im Stande sind. Denn im Winter können wir nicht sonntäglich in die Kirche hinunter, besonders wir ältere Leute nicht; denn von hier ins Thal geht's dann wie über Gletscher hinab und ohne Bergstock und Fußeisen ist es oft auch den Jüngern nicht möglich, über das Eis hin und her zu kommen. Das ist mir freilich ein schmerzliches Entbehren, wenn ich selber zur heiligen Weihnacht nicht in die Kirche hinunter kann und zum Tische des Herrn. Und manchmal ist doch dann der Himmel klarer als sonst, alle Berge im Glast, und die Weihnachtsfreude tönt im Geläute aus allen Ortschaften des Thales so fröhlich zu uns herauf. Dann sitzen wir zusammen Alt und Jung aus den benachbarten Sennhäusern dahin, wo etwa die größere Stube ist, und lesen das Evangelium und singen die Weihnachtslieder und finden neue Freude und Tröstung in der alten Geschichte."

„Ganz recht, sagte ich; das Wort ist gleich den Bergen Gottes immer groß, unendlich groß, neu und herrlich, immer erwünschte und stärkende Nahrung wie das tägliche Brot, immer eine Labung und Erfrischung wie die lautere Milch und des Brunnens Wasserquell. Und die herrschende Flitter- und Vergeudungssucht paßt nirgends hin, aber am wenigsten in die Alpenthäler. Das Volk verliert dabei immer mehr seine Eigenthümlichkeit und Innerlichkeit, seine Einfalt und Genügsamkeit, somit seine Kraft. Flitter werden auch die sogenannten Tugenden und schönen Reden. Unnatur und Schwulst ist das Abzeichen der Zeit. Da lobe ich mir, Fridoline, die Töchter des Berges, die in der alten schlichten Landestracht sehnigen und nackten Armes und Fußes ihre Matten mähen."

„Und doch, sagte die Mutter, wird ab den Märkten im Thal auch von den Töchtern des Berges nach und nach Manches herauf gebracht, was nicht zur alten Tracht gehört." „Wenn's aber einem geschenkt wird, fiel Fridoline ein, soll man's denn ausschlagen und der guten Freundin im Thal wehe thun?" „Eure Freundinnen im Thal, antwortete die Mutter, verführen euch eben mit diesen Tüchlein und Bändern; und die alte Tracht ist bald nicht mehr zu sehen; das feine an Stirn und Schläfe eng anschließende Spitzenhäubchen unter dem schwarzseidenen etwas hervorstehend, das sonst alle Frauen Sonntags trugen, wird jetzt nur noch an uns älteren gesehen." „Und doch kleidet es so gut, sagte ich; ich habe dieß an einigen alten Bildern in Glarus gesehen; und auch der Fridoline würde es hübsch stehen."

„Ich begehre es nicht, antwortete sie; und ich denke, es ist

Zeit, wieder den Strohhut aufzulegen und das Heu auf der obern Matte zu wenden. Die Hitze hat zugenommen; und das auf der untern wird wol bald dürr sein."

Sie erhoben sich und gingen an die Arbeit. Ich aber hatte mir von Just noch den Weg auf eine höhere Alpe und den Rückweg ins Bad weisen lassen, genoß dann droben noch in der weitern Fernsicht den Nachmittag und kehrte Abends unterm goldenen Glanze des Gebirges ins Bad zurück.

Ich betrachtete noch später das Thal im Mondschein, seinen Glanz auf den Gletschern, Schneefeldern und Felsenwänden, den Wasserfällen und vorübereilenden Fluthen der Linth und der Bäche, als Just von der Alp kommend noch bei mir stille stund. „Die Mutter und Fridoline lassen Sie noch grüßen." „Und habt ihr das Heu alles unters Dach gebracht?" „Alles bis auf den letzten Halm. Es ging in die Wette und wie geflogen. Da hätten Sie noch sehen sollen, was für Lasten die Fridoline in den Stadel getragen und wie sicher und hurtig. Da durfte ich nicht zurückbleiben und band noch größere Bürden zusammen. Sie haben nun den Stadel voll des feinsten Heues und dürfen auf den Winter nicht sorgen."

„Da hat's wol einen schönen Taglohn gegeben?"

„Den schönsten", sagte Just, schüttelte mir noch die Hand, wünschte mir „gut Nacht" und ging jodelnd nach seiner Wohnung.

Stachelberg, im August 1860.

Durchs Land wird in diesem Monat die Kirchweih gefeiert, sie ist, nachdem das Korn und Heu eingebracht, wie ein Erntefest, nur wird sie nicht wie das Schwingen der Aelpler auf Bergeshöhen gefeiert, wo die Sennen nicht nur Stein stoßen, schwingen und springen, sondern auch tanzen auf der obersten, luftigen, weitsehenden Bergmatte — nein, im Wirthshaus begehen sie hier ihre Sommer- und Erntefeier nud insofern ist sie kein Laubhüttenfest, wol aber ein solches in der Lust, mit der sich Jung und Alt Wochen lang auf die Kirchweihe freut und im Jubel, mit welcher sie Tage, ja Wochen lang gefeiert wird, da bis tief in den Herbst hinein ein Ort nach dem andern seine Kirchweihe hat und ein Ort den andern auf dieselbe besucht. Sind die Sennen mit ihren Heerden noch nicht ins Thal herab, so kommen die Väter und Söhne auf die Kirchweih ins Dorf hernieder und bringen ein Kirchweih-Böcklein oder ein Kirchweih-Schäfchen, das dann während der Festtage von der Haushaltung verzehrt wird. Die Fabrikarbeiter machen meist blauen Montag und Dienstag und wird bis Mittwoch fast ununterbrochen Tag und Nacht getanzt.

Nicht zu tanzen, sondern das Land mir auch in diesem seinem Volksfeste zu besehen, besuchte auch ich mehr als einen Tanzboden und setzte mich unter die Essenden und Trinkenden an die Wirthstische, und überall wurde mir mit Freundlichkeit begegnet.

In einem der Wirthshäuser in Linththal sah ich in einer Nebenstube auch Fribolinens Mutter, die Frau Elisabeth. Sie saß unter einigen andern älteren Frauen und Männern, die alle bei ihrem rothen Weine sehr aufgeweckt schienen. Elisabeth erkannte und grüßte mich und füllte und bot mir nach Landesbrauch ihr Glas. Ich that Bescheid. Sie fragte, ob ich bei ihnen, den alten Frauen absitzen oder etwa lieber mit den jungen Leuten tanzen wolle? Ein Stuhl neben ihr war frei. Gerne saß ich neben sie. Das Zimmer war heiter und kühl und hatte die Aussicht auf den Töbi und ich kam ans offene Fenster zu sitzen. Die Männer rauchten nicht, ich wunderte mich deß. „Sie unterlassen es unsertwegen, sagte Elisabeth. Sehet, sie tragen noch wie wir die Landestracht und zu dieser würde die Cigarre nicht passen." „Auch die jungen Männer, sagte der Landrath, rauchen auf dem Tanzboden nicht; und so ist es nichts Besonderes, wenn wir das Pfeifchen hier neben unsern Frauen nicht anzünden. Auch riecht der Duft der Rosen und Nelken da vom Fenster herein feiner als unser Tabak und haben uns unsere Frauen eben der frischeren Luft wegen gebeten, sie aus der größeren Trinkstube, die voll Rauch ist, in diese kleinere Nebenstube zu führen. Und da sind wir nun beisammen, gleichsam die alte Zeit, und erinnern uns an Geschichten aus unsern Jugendjahren und den Kirchweihen, da auch wir noch tanzten und von den Alpen herabkommend den Schatz besuchten. Dann wurde hinwieder verabredet, daß sie auch uns an einem Sonntag auf der Alp heimsuchen. Da hatten der Senn und der Zusenn, der Kühbub und der Schäfer genug zu thun, um mit dem Melken und Käsen früher fertig zu sein, in und um die Hütte besser aufzuräumen, als sonst eine Knabenwirthschaft aufgeräumt ist, und um dann unsere Schwestern und Bräute und Tänzerinnen zu bewirthen. Dann kamen auch die Sennen ab den benachbarten Alpen, einer blies etwa die Schalmei oder hatte eine Geige und wußte unsere Tänze zu spielen; oder es wurde ein Fidler aus dem Thale herbeschickt und wurde da an einem Sonntag Nachmittag auf einer gemähten ebenen Matte auf luftiger Höhe getanzt."

Die Frauen und Männer erzählten nun weiter mancherlei solche Geschichten aus ihren früheren Tagen und feierten im Nachgenuß die Kirchweihen ihrer Jugendzeit. „Sie sind, sagte Elisabeth, allewege fröhlicher gewesen als die jetzigen sind, wohlfeiler und bescheidener, und da alle die nämliche einfache

Tracht trugen, war in Kleidung und Putz kein Wetteifer und Neid." „Wir sind hierin wol etwas unbillig, erwiederte der Landrath; uns scheint freilich unser Frühling der schönere gewesen zu sein, weil wir die jetzige Zeit nicht mehr mit jugendlichem Sinne genießen und weil wir sie vielleicht auch nicht ganz verstehen. Auch unsere Jugendzeit hatte ihre Eitelkeiten und ein gewisses Uebermaß der Lust. Aller Most gährt und ist noch trübe."

Derweil nun so die Männer und Frauen, welche in ihrer Jugend mit einander an Kirchweihen sich lustig gemacht, die alte und neue Zeit verglichen, fragte ich die Frau Elisabeth nach ihrer Fridoline. „Habt Ihr sie noch nicht gesehen? sagte die Mutter; Ihr sitzet auf ihrem Stuhl; aber es hat ihr unter uns älteren Leuten weniger gefallen. Just hat sie bald, nachdem wir angekommen, auf den Tanzboden geholt und von dort kam sie seit zwei Stunden ein einziges Mal herüber, zu sehen, was ich mache, und meinte, sie könne jetzt schon noch etwas länger beim Tanz bleiben, da ich in so guter Gesellschaft sei. Ihr müßt Euch aber nicht wundern, daß ich sie so ohne Aufsicht lasse, sie bedarf dieser nicht; und was Ihr vielleicht von Just schon erfahren habt, sie ist seine Braut." „Nun Glück zu! antwortete ich, füllte ihr und mein Glas: daß Ihr bis ins hohe Alter viel Freude an Eurer Fridoline erleben möget!" „Das gebe Gott! sagte sie; Just ist ein rechter Bursche, er versteht die Alpenwirthschaft und den Landbau und den Viehhandel, und ist ein beliebter Führer durchs Gebirg und verdient als solcher den Sommer über ein hübsches Geld. Ich habe nur Einen Kummer; sein Kamerad, der Balz, von dem Ihr auch schon werdet gehört haben, macht aus ihm, was er will, verführt ihn zum Karten- und Kegelspiel und Trunk, zum Besuch der Schießstätten und hätte ihn schon lange gern als Fabrikarbeiter angeworben. Aber Just will nicht eingesperrt sein. Jetzt aber ist Balz in einer Fabrike in Glarus angestellt und möchte den Just bereden, mit ihm und dann auch mit der Fridoline nach Glarus hinabzuziehen, wo sie in einem Vierteljahr mehr verdienen als wir auf unserm Pacht-Sennhofe in einem ganzen Jahr. Nun meint Just, er könnte wol bald Aufseher werden und dann in einigen Jahren so viel erübrigen, daß er im Stande wäre, eine Alpe und einen eigenen Viehstand zu kaufen und so ganz unabhängig zu werden. Und die Fridoline wäre ebenso lieber Bäuerin auf einer Alp denn bloße Pächterin. Das macht mir Sorgen, lieber Herr, auch ich soll dann mit ihnen nach Glarus oder allein mit einer Magd auf der Braunwaldalp zurückbleiben. O suchet doch den Just zu bereden, nicht ein Fabrikarbeiter zu werden. Das Gefährliche für ihn wäre freilich nicht die Fabrikarbeit, sondern der tägliche Umgang mit Balz, die tägliche Gelegenheit zum Kartenspiel und Trunk. Fridoline sieht diese Gefahr noch nicht ein."

Ich versprach mit Just zu reden, stand auch auf und ging hinüber auf den Tanzboden. Es standen dort in der Thüre und im untern Theil des Saales so viele Zuschauer, daß ich eine Zeit lang zusehen konnte, ohne daß ich von Fridoline oder Just und Balz bemerkt wurde.

Fridoline tanzte leicht und hübsch und war unter allen Tänzerinnen zwar die am schlichtesten gekleidete, aber weitaus das feinste und geistreichste Gesicht. Sie wurde Tanz um Tanz aufgefordert; und während die übrigen Tänzerinnen alle glühten, schien sie kühl geblieben zu sein. Auch Just tanzte gut; sie waren ein schönes Paar. Balz war hübsch gekleidet; er trug einen grünen Rock von feinem Tuch; er schien den Ballmeister zu machen und bestimmte und ordnete die Tänze. Die Tänzerinnen fühlten sich geehrt, von ihm aufgefordert zu sein. Auch mit Friboline tanzte er öfter, da sie denn seine Scherze zu erwiedern schien und beide munter lachten.

Ich kam endlich unter den Zuschauern den Tanzenden näher zu stehen, und da Just und Friboline in meiner Nähe zu warten hatten und mich erblickten, grüßten sie mich. „Das geht noch leichter, sagte ich zu Friboline, als das Mähen in den Holzschuhen, so leicht Euch auch dieses von Statten ging." „Auch in Holzschuhen tanzt sich's leicht, antwortete sie, zumal auf einer Bergmatte, wo's dann kühler und luftiger ist als hier in den vier Wänden." „Und doch scheinet Ihr auch hier, sagte ich, die Hitze nicht zu spüren." „Wie könnte mich, antwortete sie, ein luftiges Tänzchen erhitzen; that's doch selber das Mähen nicht, wie Ihr gesehen habt. Ein anderes ist es dann freilich mit dem Eintragen des Heues." „Aber auch dabei, fuhr ich fort, hat Euch Just treulich geholfen und habet Ihr beide, was Ihr mit einander gemäht und dann zusammengerecht, auch alles unter Dach und ins Trockne gebracht; und das freut mich herzlich. Ich weiß alles; ich saß vorhin eine Weile neben Eurer Mutter. Komm ich wieder in die Berge, so besuch' ich Euch dann auf der Braunwaldalp und Ihr gebt mir dann vielleicht ein Kämmerchen; denn einige Wochen droben und unter Euerm Dach zu wohnen, müßte lustiger und gesunder sein, denn ein Aufenthalt im Bad." „Es wird uns immer freuen, Sie wieder zu sehen, sagte Just, ob wir aber auf der Braunwaldalp bleiben werden, ist noch ungewiß." „Nun davon wollen wir dann noch reden, sagte ich; jetzt laßt Euch nicht stören; die hinter Euch Stehenden wollen, daß Ihr vorwärts tanzet. Ich sitze diesen Abend noch an Euern Tisch."

Auch Balz kam einmal während seines Rastens im Tanze neben mir zu stehen. Er that aber, als ob er mich noch nie gesehen hätte. Ich dachte, es möge auch sein, daß er bei der Heftigkeit, mit welcher er damals im Tödi-Wirthshäuschen gespielt, sich meiner nicht mehr erinnere, obschon er dort mit mir angeklungen.

Als später Just und Fridoline mit Andern sich in einem Nebensaal zu einer Erfrischung setzten, folgte ich ihnen auf ihre Einladung und auch Balz saß in Fridolinens Nähe und grüßte mich jetzt freundlich. „Nicht wahr, Fridoline, sagte er, das ist ein ander Sonntagsleben als auf Eurer einsamen Alp. Dort müßt Ihr ja mit Eurer alten Mutter wie eine Nonne leben und wol den ganzen Sonntag in der Bibel lesen und beten und singen. Saget selber, ist das Tanzen und Springen nicht natürlicher und lustiger als das Psalmen singen?" „Alles zu seiner Zeit, antwortete Fridoline; es ist nur einmal Kirchweih im Jahr. Uebrigens ist unser Haus kein Nonnenkloster und meine Mutter keine Aebtissin und keine trübsinnige Frau, sie hört gerne auch ein munteres weltliches Lied; und auch solche singen wir auf der Alp und selber am Sonntag. Kommen wir jungen Leute zusammen, und gehen wir etwa mit einander auf eine höhere Fluh oder Alpe, so jauchzen und spielen wir, oder wir sitzen auch etwa ob einer Wand und sehen in alle Weite, in die Gletscher und in die Thäler mit ihren rauschenden Wassern und stimmen etwa auch einen Psalm an, und dann sind wir alle frohgemuth, und ist's dann nicht eine Kirchweihe, so ist's doch eine Sonntagsweihe."

„Ach Sonntagsweihe! sagte Balz; sehet Ihr redet ja wie eine Nonne. Der Sonntag ist der Ruhe- und Freuden- und Jubeltag und so sollte er auch heißen. Das hatten die gescheiden Fran-

zosen in ihrer erſten Revolution recht gemacht, da ſie den jüdi=
ſchen Sabbath oder Sonntag abſchafften und die Feier je des
zehnten Tages als des Jubeltages einführten. Aber die Pfaffen
ſind wieder Meiſter und die Herren des Sonntags worden.
Allein Vernunft und Natur werden auch hierin noch durch=
brechen und unſere Groß= und Bundesräthe werden den Sabbath
abſchaffen und es dem Volk überlaſſen, wann es Freuden= und
Feſttage haben will. Die natürlichen Feſttage ſind die unſerer
alten allemanniſchen Urväter, die Jubelfeſte am Ende und im
Anfang des Jahres, das Feſt der wiederkehrenden Sonne, dann
das des Frühlings, der Bergfahrt, das des Sommers, der Ernte
und wieder das der Thalfahrt und das Feſt des Herbſtes, der
Weinleſe und des Moſtens, das heilige Sauſerfeſt; dann haben
wir noch manche Nationalfeier, das heilige Tellsfeſt und die
Landsgemeinden und daneben die kleineren Feſte der Lieder=
tafeln, der Laub= und Speiſehütten, der Näfelſer= und anderer
Fahrten, die Brautfahrten nicht einmal dazu gerechnet. Wir
zählen in unſerm ſchönen Vaterland der Helden, dieſer echten
Heiligen ſo viele, daß ſchon mit ihren Namen der ganze Ka=
lander ganz freuden= und feſtroth werden könnte. Auch feiern
wir ja billigermaßen den noch lebenden ausgezeichneten Eidgenoſſen
Feſt= und heilige Tage des Dankes und der Huldigung und
verſtehen Göthe's Wort:
    Was räucherſt du den Todten?
    Hättſt du's den Lebenden geboten.
Wir freuen uns mit den Lebenden, ſetzen uns mit ihnen zu
Tiſch, bringen ihnen unſere Dankesopfer und jubeln, wenn ſie
ihnen wohl ſchmecken, zudem haben wir nach dem alten Recht
der Prieſter auch unſern Theil am Opfer. Wir feiern ſo Wirk=
lichkeiten und keine alten Fabeleien. Unſere bürgerlichen Sonn-

und Feiertage haben mit der Kirche nichts zu thun; wir brauchen zu unsern Festen keine Pfarrer, wir haben unsere eigenen Redner und wohl noch die bessern und haben unsere eigenen Kanzeln und Rednerbühnen und da ist jeder gute Patriot ordinirt und konsekrirt und kann reden, was ihm der Geist eingiebt."

„Oder auch der Wein", sagte Frau Elisabeth, welche gekommen war, um ihre Fridoline heimzumahnen, und von ihm nicht gesehen hinter dem Balz stehend einen Theil seiner Rede über den bürgerlichen Sonntag gehört hatte.

Balz kehrte sich um, und da Viele zu Elisabethens Wort lachten, sagte er zu ihr: „Ich bin nicht voll süßen Weins". Sie antwortete: „Aber auch nicht voll heiligen Geistes. Der Menschensohn ist ein Herr auch des Sabbaths. Himmel und Erde werden vergehen, aber seine Worte werden nicht vergehen. Euere Festhütten-Reden sind dahin, Wind in den Wind, so wie sie gesprochen sind, sie sind tönende Schellen. Aber nach tausend Jahren wird es noch wahr sein und gepredigt werden: so du den Sabbath eine Lust heißest und das Heilige des Herrn ehrenwerth und ehrest ihn, daß du nicht thuest deine Wege, noch vornehmest, was dir gefällt oder leer Geschwätz führest, alsdann wirst du deine Lust haben am Herrn und ich will dich einher fahren lassen auf der Höhe der Erde. Nehmet das einer alten Frau nicht übel, ihr Herren; es sei zur Kirchweihe gesagt; an der Kirchweihe ist Alles erlaubt, oder: es geht in die Kirchweihe, sagt man. Nichts für ungut; in der Speisehütte darf ja Jeder reden, wie's ihm der Geist eingiebt."

„Wer wollte Euch etwas übel nehmen, Frau Elisabeth? sagte Balz. Habt Ihr uns doch Fridolinen zum Tanz gebracht. Setzt Euch doch noch zu uns und thut Bescheid." Hiermit reichte er ihr ein volles Glas und schlug mit ihr an und sagte: „Es gilt der Mutter der Fridoline und daß sie uns diese nicht schon vom Tanzboden wegführte."

„Absitzen kann ich nicht wieder, antwortete Elisabeth; ich habe für heute nur ein Mägdlein angestellt, daß es in Haus und Stall Acht habe; es aber kann das Vieh nicht besorgen und so muß ich diesen Abend noch auf die Alp hinauf; ob Fridoline mit mir kommen oder hier bleiben will, das überlasse ich ihr."

Auf dieses hin stand Fridoline auf und war, so bringend sie von allen Seiten gebeten wurde zu bleiben, nicht zu halten. Just war, wie er's mit Fridoline verabredet, schon vorausgegangen und gab dann der Mutter und Tochter das Geleit den Berg hinauf.

Die Mutter, wie sie mir, als ich sie noch einmal gesehen, selbst erzählte, warnte den Just noch öfter und jetzt ernstlicher, als auch schon vor seinem Kameraden Balz.

„Er ist doch sehr freundlich, sagte Fridoline; und so lustig er war, er hat doch nichts Ungebührliches hören lassen." „Wie hat er denn vom Sonntag gesprochen?" antwortete Elisabeth. „Das war nur Spaß, sagte Fridoline, er hat es gern, wenn man ihm widerspricht, er kann dann seinen Witz spielen lassen." „Er scheint mir mit Allem zu spielen. Er ist einer von denen, die das menschliche Leben für einen Scherz halten und menschlichen Wandel für einen Jahrmarkt; sprechen, man müsse allenthalben Gewinnst suchen, auch durch böse Stücke." Just vertheidigte seinen Kameraden, so gut er konnte, besonders gegen den Vorwurf der Gewinnsucht und erzählte, wie ihm Balz selbst schon öfter zu einem bessern Taglohn verholfen und wie er ihm auch für die Zukunft seine Hülfe versprochen. „Aber davon sagst

du nichts; antwortete die Mutter, daß er dir beim Karten- und
Kegelspiel, bei Schieß- und Sangfesten auch schon manchen
schönen Taglohn abgenommen und manch andern zu verthun, dich
verführt hat. Nein, glaube mir, Just, dieser Balz ist nicht dein
guter Geist. Und ich sähe es nicht gerne, wenn du begehrtest,
in seiner Nähe zu wohnen." „Wäre Balz, erwiederte Just, auch
nicht mein guter Engel, so werdet Ihr doch meine guten Engel
bleiben, Du, Fridoline, nicht wahr! und Ihr, liebe Mutter?"
„Da hilft keiner Engel Wacht, antwortete Elisabeth; Ihr kennet
ja den Knaben mit den goldenen Locken im Karfunkel. Du
mußt für Ein- und Alle Mal das Seil entzwei schneiden, mit
dem Balz Dich ins Wirthshaus, zum Zeitvertreib und Spiel
zieht, sonst bist Du verloren und Fridoline mit Dir." „Was
denkt Ihr, Mutter, erwiederte Just, sollte jemals Balz mich
enger binden und stärker ziehen als Fridoline? Das kann und
wird nie geschehen." „Es ist schon manche Straßwirths-Tochter
unglücklich geworden, antwortete die Mutter. Damit will ich
nicht sagen, daß Du Dich dem Grünen schon verschrieben habest
oder je verschreiben und von ihm einen Karfunkel am Finger
tragen werdest; aber mit dem Grünen steht Balz in etwelcher
Vetterschaft; und der Grüne hat viele und feine und feste Netze
und mit denen fischt er in der Nacht und durch die Mitternacht
bis an den heitern Morgen, oft auch am hellen Mittag und
unterm offenen Himmel, an Wirths- und Spieltischen, auf
Schießstätten und Kegelplätzen. Will man nicht ins Netz, so
gehe man nicht ins Wasser. Ihr singet ja auch Lieder von den
aus den Flüssen und Seen steigenden und dorthin verlockenden
Wasserfrauen und Nixen und von den Bergmännchen und Elfen,
welche die Leute in ihre Kammern zu ihren krystallenen Trink-
gefäßen, silbernen und goldenen Schalen und Bechern verführen.

Es ließ sich schon Mancher verzaubern und ging in solchen Zauberhöhlen verloren oder ist ein ganz anderer aus denselben wieder hergekommen, denn er hineingegangen, und ging immer wieder hin und warb auch Andere an, mitzugehen. Und wahrlich, Balz scheint mir ein solcher Werber. Ich weiß auch, daß er eine Menge Lieder kennt und gerne seinen Kameradschaften vorsingt, wie sie nur von solchen Werbern vorgesungen werden." „Die singe ich nicht mit", sagte Just. „Aber Du kennst sie doch, antwortete die Mutter; und mit den Wölfen muß man heulen. Und zweien Herren kann man auch nicht singen." „Da wollen wir lieber, sagte Friboline, zum Abschied eins unserer Abendlieder singen." Eben schaute der Vollmond über den Rand eines der höchsten Gletscher herab und glänzten dann bald in seinem hellen Lichte alle Firnen und Schneefelder und Sturzbäche und nur um so dunkler ragten daneben die Hörner und Wände; und Friboline begann das Lied: Der Mond ist aufgegangen, und Just sang mit.

Des andern Tages kam Friboline nicht ins Dorf, obschon die Kirchweihe noch nicht zu Ende war und noch immer getanzt wurde. Nun mochte Just auch nicht auf den Tanzboden und er folgte gerne dem Balz, der in ein benachbartes Dorf ging an ein Scheibenschießen, das dort mit der Kirchweihe verbunden war. Auch ich wollte einmal einem solchen Schießen zusehen. Es war mir gesagt, ich werde da die besten Schützen des Landes beisammen finden; und in der That, die Schießhütte war von einer großen Zahl auch schon älterer Männer und junger, frischer Bursche erfüllt. Sie schossen alle mit ungemeiner Sicherheit, einige zum Verwundern fast Schuß um Schuß in den engen Nummernkreis, unter diesen auch Balz und Just, welche beide nicht geringe Preise gewannen. Beim Abendessen trank denn Balz meine Gesundheit als dem fremden deutschen Gaste, der nicht geringe Zuneigung scheine zu den Schweizern zu haben; er möge in seiner Heimat jenseits des Rheins sagen, was er in der Schweiz gesehen und daß die Schweizer auf der Hut und gerüstet seien, jeden Feind zu empfangen. Ich mußte antworten und sagte: ich werde mich gerne der Schweiz und aller ihrer Herrlichkeiten erinnern; das lasse sich nicht vergessen, ebenso wenig das Wohlwollen, das mir im schönen Glarnerland entgegengekommen. Auch für Deutschland sei die Schweiz ein Hort der Freiheit, und diese Festung der Unabhängigkeit von französischer Eroberungssucht und Tyrannei würde wol schwer zu nehmen sein, wenn die tausend und tausend ihrer so außerordentlich geübten und tapfern Schützen ihre Thore und Klausen vertheidigen und ab den Berghalden und Hügeln Verheerung in das Heer der Feinde senden; aber der Rhein müsse nicht nur an seinen Quellen, sondern in seinem ganzen Gebiete vertheidigt werden und frei bleiben; und so gelte es denn ein treues Zusammenhalten des ganzen deutschen Stammes. Meine Worte erhielten vielfache Zustimmung. Balz aber, in dessen Nähe ich saß, meinte im fortgesetzten Gespräche: die Schweiz müsse sich auf alle Seiten hin unabhängig erhalten und wenn sie im Falle sei zu helfen, ihre Waffen dorthin wenden, wo der Freiheit müsse aufgeholfen werden. „Diese haben sich die alten Schweizer selber erstritten, sagte ich, und muß sie jedes Volk selbst erkämpfen. Neutral soll die Schweiz sein, das ist ihre Stellung; aber unbedingt unabhängig, wie könnte sie das sein mitten unter den Großmächten und als ein Handel und Gewerbe treibendes Volk?" „Herr, antwortete Balz, andre Staaten haben uns fast nöthiger als wir sie und auch in Handel und Gewerb wird die Schweiz immer selbstständiger." „Das möchte ich bezweifeln, erwiederte ich), gerade Glarus ist abhängig von den Zuständen Italiens, Nordamerika's, des Orients!" „Der Glarner, sagte Balz, wußte stets aus der Weltlage Vortheile zu ziehen, er hat sich auch so große Reichthümer erworben, daß er nicht leicht wieder in Verlegenheit gerathen kann. Die Fabriken, über welche der Unverstand einer früheren Zeit klagte, sind jetzt ein Segen des Landes und ihre Zahl vermehrt sich immer noch. Bei der allgemeinen Arbeitsamkeit des Glarnervolkes, bei seinem betriebsamen Geiste und seiner bekannten Ausdauer und Zähigkeit, bei der großen Geschäftskunde, der reichen Erfahrung, der vielfachen Bildung unsrer Handelswelt läßt sich's gar nicht denken, wie irgend eine Noth in unser Ländchen einbrechen könnte, das ist so wenig möglich als daß der Feind über einen Strom setze oder durch einen Paß bringe, wo wir abertausend Scharfschützen uns würden zur Abwehr aufgestellt haben." „Gott erhalte euer gesegnetes Land, sagte ich, und halte jeden Feind ab von unsern deutschen Grenzen allen, Er beschütze euch!" „Wer sich selbst beschützt, antwortete Balz, der ist genug beschützt; der Glarner sagt: hilf dir selbst! und so kommt er durch alle Welt. Hilf dir selbst! stehe auf unsern Fahnen, besonders auf den Schützenfahnen!" Dieß Wort fand vielfachen Beifall.

Als ich später fortging, sah ich noch, daß Balz den Just zum Kartenspiel nöthigte. Ich vernahm dann auch Tags drauf, daß Just weit mehr als seinen erschossenen Preis verspielt. Als sich Gelegenheit bot, warnte auch ich ihn vor Balzens Spielsucht und rieth ihm, wenn er Hochzeit mache, mit seiner Friboline auf der Alp zu bleiben und nicht nach Glarus hinunter zu ziehen und nicht ein Fabrikarbeiter zu werden.

Wie ich aber bald darnach hörte, haben sie geheirathet und wohnen nun in Glarus, wo Just sogleich in einer Fabrike eine vortheilhafte Anstellung erhalten. Ich hatte in dieser Zeit einen Ausflug in die Bündtner Berge gemacht, und konnte die jungen Leute nicht mehr sprechen. Die Mutter soll auf der Alp zurück geblieben sein.

Stachelberg, im Herbstmonat 1860.

Ich melde dir hiemit meine Abreise von hier. Ich habe ungeachtet der Nässe des Sommers eine so glückliche Kur gemacht und in dem schönen Land und durch die Freundlichkeit besonders einiger Familien in Glarus so manchen edleren Genuß gefunden, daß ich wol ihrer Einladung, bald wieder zu kommen, folgen werde. Sie riethen mir, dann aber schon im Maien herzureisen wegen der besondern Schönheit des Frühlings in ihren Thälern und damit ich auch bei meiner Theilnahme an der Geschichte, Sitte und Verfassung ihres Landes der Landsgemeinde beiwohnen könnte, welche das nächste Jahr im Anfange des Maimonats abgehalten werde.

Als ich mich bei meinen Freunden in Glarus verabschiedete, frug ich auch noch nach Just und Friboline und wurde in ein kleines Häuschen gewiesen; es steht etwas seitwärts gegen das westliche Ende des Ortes am Bache und enthält zu ebnem Boden nur zwei Zimmerchen und eine kleine aber wohl eingerichtete, mit glänzendem Geschirr ausgestattete Küche, aus der man auf einer kurzen Treppe in ein enges aber wohnliches Kämmerchen gelangt unmittelbar unter dem Dache. Neben dem Häuschen ist ein Gärtlein, und kleiner Brunnen. Ich traf Friboline allein; Just war in seiner Fabrike. Ich wurde mit Freude gegrüßt; sie führte mich in ihr Wohnzimmerchen Es ist klein aber niedlich; die Fenster auf zwei Seiten haben große helle Scheiben und weiße, feine Vorhänge, vor den Fenstern blühen noch Blumen. Neben den Stühlen aus Rohrgeflecht steht sogar ein

gepolstertes Sopha, vor demselben ein glänzender Tisch aus Nuß-
baumholz, in einer Ecke am Fenster ein feines Arbeitstischlein,
in der andern Ecke ein Schreibtisch, im Nebenzimmer sah ich
zwei wohlaufgerüstete Betten, an den Wänden hingen ein Spiegel und einige gar nicht üble Kupferstiche. Ich lobte die heimelige
Wohnung und die in allen Theilen so nette Einrichtung. Fridoline sagte: „Das Alles hat uns Justens Freund der Balz besorgt; es kostet zwar nicht wenig, aber mit dem, was Just er-
spart hatte und was ich von der Mutter als Aussteuer erhalten,
konnten wir es doch bezahlen und jetzt hat Just einen reichlichen
Verdienst, so daß wir auch bald dieß Häuschen selbst werden
kaufen können." „Ihr seid also glücklich, Fridoline, sagte ich,
das freut mich von Herzen." Sie senkte einen Augenblick ihr schönes Aug und aus ihren Mienen sprach ein geheimer Kummer.
„Ja es geht uns gut, antwortete sie nach einer Pause; nur daß
Just noch nicht ganz zufrieden ist, daß ich nicht mit ihm in
der Fabrike arbeiten will. Ich habe es zwar versucht; aber ich
kann es in dem heißen Saale, unter dem Gerassel der Räder
und in den Oel- und Farb-Dünsten nicht aushalten. Es über-
fiel mich ein unaussprechliches Heimweh nach der Mutter, nach
unserer Alp, nach unsern Kühen, nach unsrer Stube und Kammer, die, so bäuerisch sie aussehen, mir doch lieblicher vorkommen als diese herrisch ausgestatteten Zimmer. Damit ich
nun aber auch etwas mit verdiene, so leiste ich in einigen
reichen Häusern, in denen mich Balz empfohlen, allerlei Dienste.
Die Leute sind mir sehr freundlich und so erwerbe ich fast so
viel, wie wenn ich in der Fabrike arbeitete und es ist mir, da
ich auch gut nähen kann, unter den Hausfrauen und ihren
Töchtern und bei Allem, was ich sehe und höre, wohler.
Und da ich mit dem, was ich so verdiene, die Kosten unsrer

Haushaltung beinahe bestreiten kann, so scheint sich auch Just nach und nach zufrieden geben zu wollen. Er meint nur noch, mein Tagelohn in der Fabrike würde, je mehr meine Geschicklichkeit zugenommen hätte, noch größer geworden sein. Allein auch so kann er beinahe seinen ganzen Wochenlohn in die Ersparnißkasse legen. Er hat auch damit angefangen und mir die von der Ersparnißkasse erhaltenen Empfangscheine gezeigt; aber er thut dieß nicht mehr wöchentlich und ich muß befürchten, er hat auch schon einen Theil des Wochenlohns verspielt. Ach der Balz, der Balz! dem muß es immer hoch hergehn. Am Sonntag kommt er, uns zu irgend einer Ausfahrt abzuholen; da wird nicht etwa ein Spaziergang gemacht, wie wir jungen Leute ihn auf der Alp des allerwohlfeilsten hatten; hier unten in Glarus muß es fast jeden Sonntag ausgefahren sein nach Wesen hinab oder noch weiter bis nach Rapperschwyl oder aufwärts nach Mühlehorn, Wallenstadt oder gar bis nach Ragatz; da kostet die Fahrt schon mehr als Einen Taglohn; und da wird nicht nur gegessen und getrunken und getanzt; wo Balz absitzt, muß er gespielt haben. Auch der Putz kostet viel; und mein Sonntagskleid, das ich auf der Alp und auch in die Kirche trug, wurde von Balz so lange ausgelacht, bis mir Just ein modisches Kleid kaufte. Ach wenn Sie, o Herr, doch auch noch mit Just reden und ihn nochmals vor Balz warnen wollten!" Ich antwortete: „Das könnte leicht das Gegentheil bewirken. Just müßte ja schließen, seine Fridoline habe einem fremden, wenn auch nicht unbekannten Manne über ihren Just geklagt. Darüber müßte er wol unwillig werden. Und da ihr sonst in Frieden zu leben scheint, könnte dieser leicht noch mehr gestört werden. Wir wollen hoffen, Balz werde von seinem Hause wieder auf Reisen geschickt, wie es ja auch schon geschehn und wie er es selber wünscht. Gut wäre es auch,

wenn Eure Mutter Elisabeth zu Euch herab kommen und bei Euch wohnen wollte." „Sie ist dazu nicht zu bewegen, erwiederte Fridoline; für sie wäre das warme Kämmerchen über dieser Stube schon eingerichtet; aber sie beharret darauf, auch den Winter mit ihrem Mägblein auf der Alp zu bleiben. Ach und gerade der Gedanke an den Winter macht mir bange; da wird des Zusammensitzens noch mehr sein. Die Mutter hatte ganz Recht; sie sah das voraus. Auf der Alp hätte Just die Winterabende in seiner Hütte bleiben müssen; wir hatten dort nie Langeweile. Aber wie wird es hier an den Abenden der Wintersonntage kommen? Bleibe ich zu Hause oder bleibt er meinetwegen hier und folgt nicht seinen Kameraden, beides erzeugt Unzufriedenheit; und gehe auch ich ins Wirthshaus, so helfe ich mit verschwenden."
„Das wäre freilich das Natürlichste, antwortete ich, Just bliebe bei seiner Fridoline, und es fänden sich bei Euch noch ein Freund oder eine Freundin ein, ihr läset, ihr sänget, ihr theiltet auch einen Abendtrunk zusammen; ihr würdet euch so an einem Sonntagabend abwechselnd besuchen zwei oder drei jüngere wohlbefreundete Haushaltungen; da hättet ihr gewiß die bessere Erholung und eine ungestörte und dazu noch wohlfeile Sonntagsfreude." „Sie reden mir aus dem Herzen, antwortete Friedoline; ich sprach dem Just auch schon davon; aber mit Balzens Worten sagte er: „Das riecht nach Frömmelei und Stündelei; der Fabrikarbeiter muß mit seinen Mitarbeitern und Mitarbeiterinnen wie die Werktagsarbeit so auch die Sonntagsfreude theilen. Man kann sich nicht absondern und auch du kannst es nicht." „Nun so füget Euch einstweilen, sagte ich, Ein Mal folget ihr Eurem Just zu seiner Sonntags-Erholung, das andre Mal bleibt er dann um so williger bei Euch in eurer so heimeligen Wohnung oder auf einem stillen Spaziergang. Und ich zweifle nicht, die

verständige und liebreiche Friboline wird doch noch über ihren Just mehr vermögen denn ein Balz. Möge es Gott so lenken!"

Hiemit nahm ich von ihr Abschied und wollte noch auf den nahen Burghügel und zu der Michaels-Kapelle, um von dort aus Glarus zu übersehen und das ganze Thal; denn die Höhen und Gründe prangten im hellsten Abendlichte. Friboline bat, mich noch begleiten zu dürfen und so genoß ich noch in ihrer Gesellschaft auf der Bank unter den schattigen Linden vor der Kapelle den reizenden Anblick des engen Thalgrundes und des ihn umschließenden wolkenhohen Felsengebirges. Links vor uns ragten die nackten Hörner und Wände des Schild jetzt röthlich im Abendschein, dessen Licht dem an den obern Halden und in den Spalten schon liegen gebliebenen Schnee feurigen Glanz gab; die Alpenwiesen oberhalb Ennetbühl brannten noch im lichtesten Grün, die Fenster ihrer Alpenhütten glitzerten, die braunen Hütten selbst heller und wärmer beleuchtet traten auf den grünen Matten und zwischen den dunkeln Bäumen noch lustiger hervor. Gerade uns vorüber thalaufwärts sahen wir oberhalb des Einganges in das Sernfthal den Gandstock und von diesem rechts den Kärpf- und Hansstock und Selbsanft: alle diese Höhen wolkenfrei und im funkelnden Abendlicht. Dem Schild vorüber rechts hebt sich der mächtige Gebirgsstock der Glärnisch in die Wolken. Jetzt flossen auf die Matten seiner unteren Stufen und über die Wälder und Felsenwände seiner Mitte schon tiefgrüne Schatten und oben glüheten die Felsenhänge und Kuppen und die mit Schnee und Eis belegten Höhen wie vergoldete Zinnen, durch das rückwärts nach Riedern hinan steigende Thälchen quoll noch über die grünsten Wiesen und Hügel und Baumgärten das wärmste Licht. Das Thal hinauf lag vor uns im grünen von der raschen Linth durchflossenen Boden das stattliche Glarus und als eine Vorstadt des an der Linth sich hindehnenden Hauptortes weiter oben im Thal das liebliche Enneda. Die langen und höhen Fabrikgebäude in Glarus und Enneda boten breite Lichtmassen und erhoben sowie der glänzende Fluß und das brennende Grün der Wiesen das Leben der Landschaft. Das Geräusch der vielen Gewerke von ringsher that die ungemeine Thätigkeit des Ortes kund, seine langen Gassen waren belebt, aus denselben erhoben sich glänzend die vielen höheren und breiteren Häuser. Ich nannte der Friboline mehrere derselben, in denen ich Gastfreundschaft genossen; auch sie war in einigen derselben schon bekannt, sie wies und nannte mir noch andre, in welchen sie ebenfalls schon Arbeit gefunden. Sie sagte mir auch: „In unsrer armen Hütte auf der Alp hätte mir nicht einmal träumen können von all dem Reichthum, von all der Bequemlichkeit und all dem Ueberfluß, welcher in den meisten dieser Häuser aufgehäuft ist." „Und wie lieblich, fuhr ich fort, sind einige derselben gelegen, umgeben von Blumen= und Obstgärten. Auch die vielen Brunnen und das Rauschen der Linth und des durch den Ort fließenden so viele Räder treibenden Strengbaches gehört zu dem sich hier so rastlos regenden Leben." Friboline erwiederte: „Um so ernster und stiller ist der Kirchhof da unten um das uralte Gotteshaus her; und die vielen Grabmähler und Kreuze, das sind Gedenksteine, die mahnen, wie schnell das Leben dahin rauscht gleich den Wellen der Linth und des Bergbaches und wie bald da unten im engsten Stübchen liegt der reichste Herr und die vornehmste Frau neben dem ärmsten Fabrikkind, da denn Noth und Herrlichkeit des Lebens bald und ganz und gar vorüber sind. Ich bin schon öfter einsam da oben gesessen am späteren Frierabend, wenn Just wegen vieler Fabrikarbeit noch nicht heimkommen konnte. Und aus den nahen Gräbern da unten tönt mir jedes Mal die

Stimme: Alle Herrlichkeit des Menschen ist wie des Grases Blume. Das Gras ist verdorret und die Blume abgefallen. Aber des Herren Wort bleibet in Ewigkeit." „An dieses zu denken, sagte ich, lerntet Ihr von Eurer Mutter; sie würde hinzusetzen: Die Welt vergeht mit ihrer Lust; wer aber den Willen Gottes thut, der bleibet in Ewigkeit." „Wenn dann, fuhr Fridoline fort, die Abendglocke im alten Kirchenthurme da unten verklungen und das Vesperglöcklein dieser Kapelle das letzte Abendlied singt, da denke ich oft: wie einst hier die erste Kapelle stand des heiligen Fridolin, welcher uns das Evangelium brachte und ihr Glöcklein die bekehrten Hirten und Jäger zum Gebet rief, so kann hier auch einmal eine letzte Kapelle stehen, ein letzter Ueberrest auf den Trümmern, eine Todtenkapelle wenn alles das Leben vor unsern Augen durch Erdbeben, Bergsturz, Ueberschwemmung oder Feuersbrunst ins Grab gesunken ist. Dann steht unser Häuschen auch nicht mehr, dann tönt kein Gewerbe und Verkehr durch die Gassen und nur die graue Linth rauscht durch den grauen Schutt. Ach die Einsamkeit und die Aussicht auf einen Winter, der vielleicht noch meinen Kummer vermehrt, bringt eben traurige Gedanken." „Wer wollte aber, fuhr ich fort, gerade an allgemeinen Untergang denken? Zwar das Erdbeben hat ja noch jüngst das festgebaute Briegg gedroht in den Staub zu legen und hat dort die Fußgestelle der Gebirge erschüttert; Plürs und Goldau sind verschüttet, Felsberg noch immer bedroht; und über Nacht geschieht, woran Niemand gedacht, und kommen nicht nur Berg und Thal zusammen, sondern die Zeit verbinde auch das Entlegenste. Wer hätte daran gedacht, daß hier, wo der Wandler Fridolin einst die heidnischen Allemannen belehrt, nach Jahrhunderten werde Gewand und Festputz verfertigt werden für die entferntesten Heidenvölker, und daß auf hier gewobenen und gefärbten Tüchern sogar Abzeichen der Götzen der Hindu werden gedruckt werden oder Sprüche aus dem Koran oder Arabesken, wie sie der Mohamedaner liebt? Aber wir dürfen hoffen, daß in diesen schönen Thälern auch die Gewerbe fortgedeihen, so wie wir auch hoffen, daß auf den Straßen des Welthandels immer mehr und zwar bei Tausenden Nachfahren Fridolins, hochherzige Glaubensboten weiter vordringen in Ostindien und China und mitten in Afrika hinein." Ich suchte so die Fridoline von ihren traurigen Gedanken wegzuleiten und erzählte ihr, von Fridolin darauf geführt, einiges aus der Missionsgeschichte; sie horchte begierig, sie hatte schon einem Missionsfeste beigewohnt. Wir waren, während ich fort erzählte wieder zu ihrer Wohnung hinabgekommen; es dämmerte und ich nahm Abschied. „Ach wenn Sie hier wohneten, sagte sie zuletzt, und bisweilen in unsre Hütte träten, so wäre es mir, ein Fridolin kehrte ein und brächte den Frieden zurück, der uns etwa verlassen." „Diesen habet Ihr jedenfalls, Fridoline, sagte ich noch, und zwar wie ihn die Welt nicht giebt; was der Fridolin in diese Thäler brachte, das habt Ihr; und bei diesem Trost behüte Gott Euer Land und Euch und Euern Just; den grüßet mir von Herzen."

Glarus, Vorabend des Himmelfahrtstages den 8. Mai 1861.

Gestern bin ich hier angekommen. Meine Reise durch alle die blühenden Frühlingslande war ein hoher Festgenuß, unvergleichlich die Fahrt auf dem Dampfboote den Zürcher See hinauf über die das Ufer und Gebirg abspiegelnde und verklärende Fläche der grünen lauteren Wasserebene; an den nahen Gestaden links und rechts das frische Gras und junge, linde Laub in Büschen und Wäldern; das Land überall im bräutlichen Hochzeitschmuck der blühenden und duftenden Bäume und Gärten und die großen und stattlichen Ortschaften, alle die mit Gärten und Wiesen und Bächen prangenden und im See sich beschauenden, großen und kleinen Städte; die unzähligen schmucken und glitzernden Häuser vom blauen Ufer bis ins Himmelblau hinauf an den Saum der Berge; und immer näher herabgrüßend und höher und erhabener entgegentretend die krystallhellen Gletscher und jetzt noch breiteren und volleren Schneefelder des Glärnisch, des Tödi, der Windgelli, des Scheerhorns. Wahrlich mein Gefühl war, nicht Sinne genug zu haben, nicht Tiefe und Raum genug des Herzens, um all die paradiesische Schönheit ganz und innigst zu empfinden. Wie schwach sind wir auch vorüber der unendlichen Schönheit der Schöpfung!

Die Schnelligkeit der Fahrt vermehrt noch die Gewalt des Gesammteindruckes; man hat nicht Ruhe und Möglichkeit, das Einzelne gelassen und verweilend zu genießen; man sollte solche Gegenden und Frühlingstage sachte durchwandeln. Auf der Vorüberfahrt des schnellen Schiffes hört man immer nur den vollen Chor, lustwandelnd auch die Einzel-Gesänge. Du stehst dann stille und ruhest an einem besonders lieblichen Plätzchen, an einer einladenden Wohnung, unter einem kühleren höher sich schwingenden Baumgewölbe; das einzelne Bächlein, Blümchen, Vögelein heißt dich verweilen und dann trittst du wieder hinaus, wo der weite See das ganze Gestade und Gebirg in Anmuth und Majestät entgegenleuchtet und der volle Chor und Doppelchor erhebt sich wieder in aller Pracht.

Von Rapperschwyl fuhr ich wieder auf der Eisenbahn, aber auf ihr kann die Gegend noch weniger ruhig genossen werden denn auf dem Dampfschiff; sie ist bis Utznach voll Abwechslung zuerst hart am Ufer des Zürchersee's über den hin sich gen Mittag der Blick aufthut in das Wäggisthal und dann nördlich und östlich ins Gasterland nach dem sonnigen Sion hinauf, dem stattlichen Dorfe Kaltbrunnen und gerade vor uns auf den hohen Speer mit seinen Matten und Wäldern. Von Utznach, des mahlerischer gelegen denn schön ist, führt die Bahn in Einer prosaischen geraden Linie Schännis vorbei nach Wesen über die nun vom Linthkanal durchschnittene Ebene am Biberlikopf vorüber, wo das Denkmahl des edeln Escher von der Linth, welcher unterstützt besonders von Glarus selbst und der ganzen Eidgenossenschaft von 1807 bis 1822 dies große Werk der Linth-Verbesserung mit unermüdlicher Thätigkeit leitete und im Gang erhielt und das Land Glarus aus einer Jahrzehnde langen und immer steigenden Wassersnoth rettete: ein Held des Friedens; sein Kranz sind die nun ringsum grünenden und blühenden Wiesen und Felder und Obstgärten und sein Loblied die Gesundheit der Bevölkerung, die hier sonst im Sumpfe versiechte, sein Loblied besonders auch die Rettungsanstalt verwahrloseter Knaben auf der Linthkolonie bei der Ziegelbrücke. Als wir dort an Eschers Denkmahl vorüberfuhren, war es mir als rufe der edle, uneigennützige Vaterlandsfreund: „Ihr Väter des Vaterlands, ihr Männer des Fortschritts, ihr meine Enkel, Reden der Eitelkeit haben ihren Lohn dahin; wehret dem Siechthum des Materialismus, der Verschlammung der Hab- und Lustsucht und Hoffahrt, wehret der sittlichen Versumpfung; machet Bahn dem lebendigen Wasser."

In Wesen steht man vor dem Thor der Glarner Berge und Thäler. Bis nach Glarus ist es ein etwa drei Stunden langer Thorweg, den wollte ich nicht auf der Eisenbahn durchfliegen, ich schickte daher mein Gepäck nach Stachelberg voraus und genoß noch eine Weile die außerordentliche Schönheit der Gegend von Wesen. Die Felsenstöcke der Kuhfirsten hier, und drüben der Kerenzenberg spiegelten sich in dem nun ganz ruhigen tiefen Wallensee; von Ammon herunter brausten die Bäche im vollsten Schwall. Ich hatte da reicheren, ungestörteren und auch wärmeren Genuß als wenn ich den Tödi oder das Finsterarhorn erklettert hätte.

Dann wanderte ich sachte am Fuße des Walenberg's nach Mollis hinauf; zur rechten Seite ragen nahe die Wände des Wiggis mit dem Rautispitz oberhalb Näfels dem Kommenden grade entgegen; die Glärnisch-Stöcke mit Mattengrün, Felsengrau und dem Glanz von Wolken, Eis und Schnee. Der Gang war erfrischend, von einer Strecke, von einer Biegung der Straße zur andern voll neuen Genusses; im Thal und in den Bergen abwechselnde Beleuchtungen, welche man wie die Umrisse der einzelnen Landschaftbilder, der mahlerischen Felsen, Bäume und Hütten so gerne farbig zu Papier brächte; überall auch hier frisches Gras und Laub und Blust und Duft und Gesang der Finken, Drosseln und Amseln. Die lange stattliche Ortschaft Mollis hinauf ging es durch einen blühenden Obstbaumwald, durch zierliche Gärten am klaren Wasser des die Räder der vielen Gewerke rastlos bewegenden Baches. Sie haben ihm, wie ich im Vorübergehen hörte, da er ein wilder feuriger Bursche ist und meint, es gelte nur überall durchzubrechen, und ins Leben hinein zu brausen und hinein zu donnern, hinten im Berge mehrere Dämme gebaut, Gemächer, in denen er sich besinnen, beruhigen und läutern kann, damit er nicht in ungehemmtem Laufe herniederstürze und im Sturme der Weltverbesserung und Weltbeglückung Vieles niederreiße und überschütte, was lange vor seinem Wachsthum und Hereinbruche gewurzelt und geblüht und gegrünt und Früchte getragen hat. Ich dachte, das sind die Kammern des stillen und ernsten Fleißes, des langsamen Fortrückens auf dem Wege der innern Sammlung und Läuterung für alle, die ins öffentliche Leben eintreten und sein großes Triebwerk in einem sichern stetigen Gang erhalten sollen und wollen. Jähes Glück ist jäher Fall.

In Mollis ist das Thor ins Thal hinein schon weiter; schon locken zu sich hinauf westlich oberhalb Netstal die vordern Alpen des Klönthals, östlich die des grünen Fronalpstockes. Und nicht lange so grüßte mich die Burgkapelle von Glarus, umgrünt vom jungen Laub ihrer Linden und bald stand ich mitten im Hauptorte. Ich fand im Gasthofe zum goldnen Adler ein fröhliches und bequem eingerichtetes Zimmer, aus welchem ich dir nach einem froh durchwanderten Tag am Vorabend des Himmelfahrtfestes noch diesen Gruß schicken wollte.

Glarus am Abend des Himmelfahrtstages den 9. Mai 1861.

Festlicher hätte der heutige Feiertag nicht anbrechen können. Der blauste Himmel prangte über dem grünen und blühenden Thal. In den Gassen konnte ich nicht bleiben. Auffahrt ruft auf die Höhen, aber freilich nicht in ein Wirthshaus. Kapellen und Kirchen wurden auf Höhen erbaut wie z. B. die so einladende oberhalb Wallenstadt, damit auch auf den Bergen Gottesdienst gehalten, durch den Blick in die Weite und Ferne, durch die Erhobenheit über das enge und niedre Leben, durch die reine und frische Luft, durch den Glanz und Duft der prangenden Welt, in der Himmelsnähe die Seele sich losgebundner und beschwingter fühle. In der Kirche auf einem schönen Berge müssen doch die Himmelfahrtslieder einer Gemeine, die eigens dorthin gestiegen ist, um gleichsam dem Herrn nachzusehen und seinen Triumph und sein ewiges Walten zu feiern, noch festlicher tönen.

Ich ging nach Ennetbühl hinüber. Die Gewerbe, das Pochen und Getöse der Werktage war nicht zu hören; der Ort und das Thal waren noch still, die Gassen und Straßen noch leer. Rings waltete noch die feierliche Stille eines Festtages. Nur die Wellen der Linth und der Bäche rauschten und die Chöre der Vögel sangen ihre Morgenlieder. Die Gipfel und Wände der Berge, Schild, Wäggis, Glärnisch, Kärpf- und Hausstock und Selbsanft standen im Sonnenglanz. Aus den Gründen und Klüften entschwebten die letzten Nebel und verflogen über den strahlenden Schneefeldern und Gletschern wie trübe Sorgen des Lebens, wie düstere Traumbilder der Nacht. Das Glockengeläut begann von unten und oben das Thal herauf und herab. Besonders feierlich tönte das neue Geläut der Glarner Hilariuskirche. Ich folgte den Glocken von Enneda, und wollte den heiligen Tag des Herrn nicht vorbeigehn lassen, ohne mich mit seiner Gemeine vereinigt zu haben. Ich wurde durch die Predigt noch festlicher gestimmt.

Nach dem Gottesdienst setzte ich meinen stillen Gang am rechten Ufer der Linth noch fort bis nach Mitlödi durch das Turfenried. Bei einer Wendung dieses Pfades sah ich auf einmal hinten im Thal den Tödi vor mir, in der Klarheit, wie er das vorige Jahr, da ich an seinem Fuße auf der Sandalp war, vor mir stand. Von Mitlödi kehrte ich wieder nach Glarus zurück.

Auf diesem Rückwege begegneten mir nun schon ganze Schaaren Männer, Jünglinge und Knaben, welche an die Landsgemeinde nach Glarus gingen, meist gesunde und frische, untersetzte Gestalten in ihrem besten Sonntagsgewand. Sie unterhielten sich über die an der Landsgemeinde zu behandelnden Geschäfte besonders über ein neues zu berathendes Schulgesetz.

Schon das war mir außerordentlich merkwürdig, daß die stimmfähigen Männer eines ganzen Ländchens, in zahlreicher Versammlung ihrer mehr als fünf bis sechstausend, sogar über ein Schulgesetz sollen Rath halten können. Ich begreife wohl, daß sie verstehen, über allgemeine Steuern, öffentliche Bauten und dergleichen zu urtheilen und Beschlüsse zu fassen. Aber wie sie im Stande seien, Gesetze zu berathen, die zu entwerfen und zu beurtheilen mancherlei Fachkenntnisse voraussetzt; darüber etwas zu erfahren und jetzt mit eigenen Ohren, war ich sehr begierig.

Auf dem Wege schon ließen sich mancherlei Ansichten über das Schulwesen und das vorgelegte Schulgesetz hören. Einige klagten, nach demselben müssen die Kinder viel zu viel Zeit in der dumpfen Schule versitzen. Das Leben, die tägliche Arbeit in Haus und Feld sei noch die bessere und nothwendigere Schule. Andre wiesen nach, in der langen, langen Zeit, in welcher das Kind in die Schule gezwungen werde, lerne es doch sehr wenig. Andre sagten: es werde nur zu viel gelehrt, Rechnungen, die im Leben nie vorkommen, Welt- und Naturgeschichte und Länderkunde, und daneben werde oft das Nothwendigste versäumt; die jungen Hexenmeister im Rechnen können nicht einmal fertig lesen, sie kennen die biblische Geschichte nicht; einen Theil des Evangeliums und des Kirchengesangbuches fest auswendig zu lernen sammt den Tonweisen der Kirche, dazu werden sie gar nicht angehalten; die aufgeklärten Herrn Schullehrer seien dafür zu vornehm oder auch zu kurzsichtig. Noch Andre bemerkten, es werde zu wenig Zeit und Fleiß auf das Allernothwendigste verwendet; Vieles was die Volksschule lehre, sei Mode und Luxus und werde bald wieder vergessen; das Vielerlei sei Unnatur, eine ungesunde Ueberfütterung und Uebertreibung; und die Herren Schulmänner und Schulräthe sollten ernstlicher über das nachdenken, was bleibet und was schwindet. Etliche klagten, daß die Zucht vernachläßigt werde und daß die Schule nicht mehr zur Gottesfurcht erziehe. „Was Gottesfurcht," sagte Balz, der, aus seiner Wohnung außerhalb Glarus tretend, diesen Männern sich angeschlossen hatte, „was Gottesfurcht? das ist ein dummes Wort. Sollten wir die Natur fürchten, die gerade jetzt wieder von allen Enden uns anlacht und zujauchzt und zwar beßwegen jubelt, weil der Tag unsrer Landsgemeinde ein heiliger Festtag ist. Eben das ist an dem vorgelegten Schulgesetz zu tadeln, daß es die Schule noch nicht ganz und gar von der Kirche trennt. Die Schule ist ein Theil des Staates und nicht der Kirche. Der moderne, aufgeklärte Staat mag wie das in dem freiesten und glücklichsten Lande aller Länder, in Nordamerika geschieht, jeden fromm sein lassen nach seiner Façon und Weise, wie auch Friedrich der Große, der große, aufgeklärte Friedrich dachte. Der Staat mag Tempel, Moschee, Synagoge, Pagode, Kirche und Kapelle, ja allerlei Sekten und sogar Klöster gewähren lassen, wenn sie sich nur nicht gegen den Staat verfehlen; aber mit der Schule sollen sie alle nichts, gar nichts zu schaffen haben und in diesen muß der Staat lehren lassen, was die Höhe unsrer Zeit erfordert, natürlich Lesen und Schreiben und dann Rechnen und wieder Rechnen und immer Rechnen, daneben Geographie, denn wir Glarner reisen durch alle Welt; und Waaren- und Produktenkunde muß von frühe gelernt werden. Das Nothwendigste aus den Handelswissenschaften und in obern Schulen die neueren Sprachen, die französische, englische und wegen unsers Verkehrs auch die italienische. Dagegen die Jugend ihre schönste Zeit verderben lassen mit dem dummen Auswendiglernen der Katechismen, Kirchenlieder und Bibelsprüche und der hebräischen Mährchen, das ist ein wahrer Frevel am Vaterland, dergleichen duldet das moderne Bewußtsein nicht mehr. Und unsre Schullehrer sollten alle nur in den Seminarien gebildet werden, deren Direktoren den Muth hatten, öffentlich zu erklären, das sogenannte apostolische Glaubensbekenntniß sei ihnen keine Wahrheit, und welche in diesem Sinne Religion und Pädagogik lehren, die uralte, einzig seligmachende Natur-Religion und die Lebensklugheit." „Wisset Ihr was, Balz, sagte jener alte Landrath, traget Ihr Eure nagelneue oder wie Ihr sagt, moderne Weisheit der Landsgemeinde selbst vor. Was gilts, alle Hände werden sich für Euch erheben und Euch zurufen: „Heh! Heh!" Dann müßt Ihr zugleich vorschlagen, das ganze Kirchengut zu Schulgut zu machen, die Kirchen in Fabriken zu verwandeln und es den einzelnen Gemeinden oder Sekten oder Personen zu überlassen, ob sie Moscheen oder Pagoden erbauen wollen. Ihr selber, Balz, habt schon Euren Tempel der Vernunft, wo mit Wein-, Bier- und Schnapsgläsern zusammengeläutet wird. Euer Kelch ist der Würfel-Becher und Euer Koran hat zweiundfünfzig Blätter. Auch will ich Euch sagen, was für Sprüche auf Euren Glocken stehen; es sind sogar Bibelsprüche; auf der größten steht: Es ist kein Gott! auf der zweiten: Lasset uns essen und trinken, denn morgen sind wir dahin; und auf der dritten: Wir mästen uns als auf einen großen Schlachttag."

Der Landrath hatte die Lacher auf seiner Seite. Und Balz war froh, daß der Zug auf dem Gemeindeplatz angekommen und jeder in dem schon zahlreich besetzten Ring einen Sitz suchen mußte.

Der Kreis der über einander erhöhten Bänke der Landsgemeinde umschließt die Bühne, welche die obersten Behörden einnehmen, die andern Beamten haben ihren Platz im innersten Kreis, die Knaben den ihren auf dem Balken unmittelbar vor der Bühne. Der Zugang zum Ring bleibt offen; Frauen haben keinen Zutritt.

Bald begann das feierliche Geläut der Kirche, und vom Rathhause her bewegte sich mit Trommeln und Musik und unter dem Vortritt der roth bekleideten Weibel, von denen zwei den silberbeschlagenen Stab, das Landes-Zepter, und das hohe Landesschwert trugen, der Zug der Landeshäupter, des dreifachen Landrathes, der Richter und der andern Beamten.

Wie die Behörden in den Kreis traten, stand das Volk auf und entblößte das Haupt. Dann wurde die Landesgemeinde-Ordnung verlesen und die Eidesformeln und der Landammann sprach mit erhobenen Schwörfingern den Eid nach, den ihm der Landesstatthalter vorsprach, und ihm dann wieder das Landesschwert überreichte. Darnach nun fortwährend das Schwert in der Hand forderte der Landammann die ganze Gemeinde zur Eidesleistung auf. Alles Volk erhob sich, und schwur baarhaupt und mit erhobenen Fingern. Das brausete ergreifend. Der Ernst der großen Versammlung lag nicht nur auf ihrem Antlitz, er ließ sich auch in den starken aber gedämpften Stimmen hören, welche wie das Rauschen des Windes oder eines großen Wassers im Walde tönten. Ich hatte aus einem nahen Fenster schauend die Gemeinde vor mir und zunächst die viel hundert Knaben, welche vor der Bühne saßen. Ihre Augen glänzten; ich sah viele der muntern gesunden und fröhlichen Gesichter blaß geworden vor Erschütterung, wie sie da ihre Väter und ihr ganzes Volk geloben hörten: „das habe ich deutlich und wohl verstanden, schwöre derowegen leiblichen zu Gott, demselben nachzuleben getreulich ohne Gefährde. Dieß schwör ich, so wahr als ich bitt, daß mir Gott helfe."

Ich dachte, das ist für die Jugend eine unvergeßliche Unterweisung in der Gottesfurcht. Und sie ist hier noch nicht, wie Balz meinte, ein veraltetes, dummes Wort.

Der Landammann eröffnete dann die Verhandlungen mit einem eben so ernsten als klaren Wort. Schon dieses zeigte den Steuermann, der das Steuer fest in der Hand hält, sich von Wind und Wellen nicht aus der Richtung bringen läßt, und unentwegt und mit kluger und sichrer aber auch rascher und entschloßner Wendung das Schiff durch Klippen, Sturm und Brandung lenkt. Ich dachte, da ist es viel schwerer Vorsteher und Geschäftsführer zu sein als in einem Großen Rathe, wo man seiner Partei gewiß ist, die Gegenpartei, wenn sie auch die bessern Redner zählt, doch immer die Minderheit bleibt und wo in der großen Menge wenige beredte Männer und noch weniger hohe und edle Charakter sind. Hingegen hier erscheinen unter den gewöhnlichen Landleuten viele geschäfts- und sogar regierungskundige Männer von natürlicher Beredsamkeit, von Mutterwitz, von einer Derbheit und einem Freimuth, der den gewandtesten Präsidenten in Verlegenheit und die Lacher auf seine Seite bringen kann. Hier muß das Wort des Landammanns nicht nur geachtet, es muß selber von einem Balz auch gefürchtet werden.

Bei den Verhandlungen dann über das Schulgesetz zogen besonders wieder die Knaben meinen Blick auf sich. Sie hörten da Für und Wider eine Sache, welche auch sie betraf und die sie zum Theil verstanden, über die sie auch schon zu Hause und noch auf dem Wege zu der Landsgemeinde viel hatten reden hören. Dergleichen Verhandlungen zuzuhören, ist für die Knaben der natürlichste Unterricht in der Geschichte, in der Verfassung und Verwaltung des Landes. Ihr Urtheil wird geübt und geschärft, die Vaterlandsliebe und das Ehrgefühl erhöht, der Gehorsam gegen das Gesetz ihnen eingeschärft. Sie sehen den, welcher sich gegen die Landsgemeinde-Ordnung verfehlt, mit schwerer Strafe belegt, sie hören, wie der, welcher in Unbesonnenheit oder Frechheit Ungebührliches vorbringt, sich vor dem ganzen Volke lächerlich und oft sogar lebenslang zum Sprüchworte macht.

So wurde gerade jetzt ein gegen das Schulgesetz etwas wild Anstürmender vom Landammann durch ein einziges treffendes Wort geschweigt, daß auch Balz nicht wagte, die Forderungen seines modernen Bewußtseins vorzubringen.

Neben andern dem Fremden weniger verständlichen Verhandlungen kam auch diejenige vor, der Frage, ob es nicht den Fabriken zu erlauben sei wider die bisherigen Feuer=Ordnungen bei einem sich erhebenden Föhnwinde gleichwohl fortzufahren mit dem Arbeiten beim Licht und mit dem Einheizen der Dampfmaschinen und ob überhaupt nicht die Strenge der bisherigen Feuerordnung zeitgemäß sollte gemindert werden.

Das bisherige Verbot aber, beim Föhn irgendwie zu feuern, wurde festgehalten. Es freute mich zu sehen, wie der Verstand des Volkes auch hier weiter sah als der Vortheil Einzelner und bedachte, daß der Föhn so wenig als andre von der höchsten Gewalt gelenkten Gewalten sich nach den Bedürfnissen des modernen Bewußtseins einzelner Herren richten werde.

Auch das freute mich, daß der Landammann ernstlich warnte: es möchten nicht bei jedem Anlaße Arme und Reiche sich gegenüber stellen. Wie der Arme vermöglich, so könne der Reiche unversehens arm werden.

Nach Beendigung der Verhandlungen ergab sich das Volk der zum Tage der Landsgemeinde gehörenden Lust und Freude. Die Väter und Söhne suchten ihre meist ihnen schon entgegen kommenden Frauen, Töchter, Schwestern oder Bräute, saßen mit ihnen zum Wein oder wandelten noch mit ihnen durch die Gassen, in denen auch eine Art Jahrmarkt gehalten ward. Es wurde auch in den reich versehenen zum Theil prächtig ausgestatteten Waaren-Laden des Hauptortes viel gekauft. Denn der Landsgemeinde-Kram ist Brauch und wird auch den zu Hause Gebliebenen heim gebracht; daher diese den Zurückkehrenden entgegen gehen, und lustiges Volk etwa auch vor den Ortschaften an der Straße sitzt und die Heimkehrenden neckt, besonders die, welche scheinen herzukommen ohne einen Kram den Ihrigen zu bringen.

Ich ging lange so unter den Schaaren des Volkes die Gassen auf und ab und freute mich der allgemeinen Fröhlichkeit. Ich sah ringsum ein aufgewecktes, munteres Volk, mitunter schöne Männer, Frauen und Töchter. Die Männer schienen sich zu fühlen, selbstherrlich und ihre eigenen Gesetzgeber zu sein; auch aus den hellen Augen der Knaben leuchtete dieses Selbstgefühl, waren sie doch heute auch ein Theil der Landsgemeinde, und kann ein jeder von ihnen noch Richter, Landrath und sogar Landammann werden.

Auch die Herren von Glarus spazierten, ihre Frauen am Arm, in dem neuen und warmen Sonnenschein des Mai- und Feiertages. Da zeigte sich großer Reichthum, die neuste Mode, der feinste und seltenste Stoff, reicher glänzender Schmuck, gegen den der Flitter der im Putz wetteifernden Fabrikarbeiterinnen weit zurück stehen mußte. Doch das störte die Lustigkeit dieser muntern Töchter, welche mit ihren Freunden zusammen saßen oder nach allen Seiten ausflogen, nicht im geringsten.

Ebenso machten die Herren mit ihren Begleiterinnen meist in glänzenden Wagen Spazierfahrten, die einen Thalauf die andern ins Land hinunter.

Viel Volk eilte gegen 3 Uhr Nachmittags der Eisenbahn zu, um noch eine Fahrt nach We s e n oder weiter hinunter zu machen.

Ich hatte mich schon lange nach Just und Friboline vergeblich umgesehen. Endlich sah ich den Balz mit einer Gesellschaft junger Leute, Töchter und junger Männer, unter diesen auch Just, aus einem Gasthause kommen und zur Eisenbahn hinuntergehn. Die Friboline war nicht bei ihnen.

Ich nahm mir vor zu sehen, ob ich sie in ihrer Wohnung träfe. Auf dem Wege dorthin aber wurde ich von einem meiner früheren Bekannten aus Glarus, die ich, um freier mich hin und her zn bewegen, noch nicht gegrüßt hatte, angetroffen und sogleich in eine kleinere Gesellschaft mitgenommen, welche er zur Feier des Tages auf den Abend zu sich geladen hatte.

Da wurde viel verhandelt über monarchische und republikanische Zustände, über ehemalige und jetzige Aristokratien und Vetternherrschaften, über den a l t e n Menschen, wie dieser unter allen Zuständen doch immer wieder als derselbe erscheine und wie da nur die eine Erneuerung helfe und sich bewähre.

Noch glänzte prächtig der Abendhimmel und brannten alle die Berggipfel als ich, um diese Stunde noch zu genießen, die Gesellschaft verließ. Ich ging noch hinauf zur Burgkapelle. Das Thal prangte in vollem Schmucke eines Maiabends, die Freude des Tages jauchzte von den Heimkehrenden noch von überall her. Der Rückweg in meinen Gasthof führte mich an dem Häuschen der Friboline vorüber. Sie saß vor demselben einsam. Sie hatte mich schon erkannt, wie ich den Rain von der Kapelle herunter kam. Sie wagte aber nicht, mich zuerst zu grüßen und wartete, ob ich ohne Gruß an ihr vorübergehen würde. Das konnte ich aber nicht, und so bot ich ihr einen guten Abend und saß neben ihr ab. Sie sagte: „Ich habe Sie heute schon bemerkt und freute mich), Sie wieder zu sehen. Ich bat auch den Just, als er mich nach der Landsgemeinde durch den Markt führte, um mir einen Kram zu kaufen und wir Sie wieder sahen, er möchte mit mir zu Ihnen gehen, Sie zu grüßen; er aber meinte, es sei dies morgen oder übermorgen noch früh genug. Und nun wird es Sie wundern, warum Sie an einem solchen Tage der allgemeinen Freude mich hier einsam in unserm Häuschen finden. Ich muß es Ihnen kurz sagen: Sie wissen vielleicht noch, mit was für einem Kummer ich Balzens wegen dem nun auch vorübergegangenen Winter entgegen gesehn. Just und ich wir hatten auch recht glückliche Tage und Wochen, und zwar immer, wann sich Just dem Balz entzog oder dieser auf Reisen sich befand und dieses war, Gott sei Dank! den größeren Theil des Winters der Fall. Da blieb Just auch an einem Sonntagabend zu Hause; etwa kam noch ein benachbartes junges Ehepaar zu uns herüber, wir erzählten oder lasen oder sangen auch miteinander. Wir hatten so in der Weihnachts- und Neujahrszeit die frohesten Abende; Just war an den folgenden Werktagen auch zur Arbeit munterer. Er konnte auch wöchentlich etwas und zwar mehr als sonst noch nie in die Ersparnißkasse legen. Wir hatten sichtlich Gottes Segen. Als das Eis des Weges von ihrer Alphütte ins Thal — geschmolzen war, kam auch die Mutter auf einige Tage zu uns und sie kehrte getröstet, daß sie uns glücklich gesehen, wieder heim auf die Braunwaldalp. Aber vor Ostern kam Balz wieder von seiner Reise zurück. Er hatte seinen Kameraden viel zu erzählen. Er holte den Just zu Abendgesellschaften selber hier ab. Er weiß jetzt noch viel besser zu reden als früher, denn der Handelsreisende übt sich darin, seine Abnehmer zu beschwatzen. Und er beschwatzte auch mich und ich ließ mich überreden, mit Just in Balzens und

seiner Gesellen und Begleiterinnen Gesellschaft an Sonntagnach=
mittagen wieder Ausflüge zu machen bald da, bald dorthin. Ich
that es dem Just zu Gefallen; aber ich hätte es nicht thun sol=
len. Auf diesen Ausfahrten meist auf der Eisenbahn wurde nun
öfter wieder der ganze Wochenlohn verthan, es wurde gut ge=
gessen und getrunken und getanzt; es wurde auch gespielt. Denn
die Spielsucht Balzens ist eine Besessenheit, von welcher auch
seine Kameraden ergriffen werden. Jetzt dazu noch der Früh=
ling wieder kam, die Schießstätten wieder besucht wurden, und
die Kegelplätze und die Männerchöre und andre Gesang= und
Musikvereine ihre Aufführungen hatten, da ließ sich Just wie=
der in die Vergnügungssucht hineinreißen mehr noch denn früher.
Er ersparte nicht nur nichts, sondern, wie ich wohl merkte, er
machte noch Schulden. Ich folgte nicht mehr auf ihre Ausflüge.
Ich bat und beschwor ihn, sich zurückzuziehen und den Balz
zu meiden. Umsonst; er ist auch heute wieder mit ihm ausge=
zogen, und durch einen nur zu schönen Landsgemeinde=Kram
wollte er auch mich bewegen, heute doch wieder einmal bei der
Gesellschaft zu sein. Aber ich habe ein theures Gelübde gethan,
derselben nie mehr zu folgen. Gott lasse es mir gelingen, daß
ich durch meine Standhaftigkeit Balzens Gewalt überwinde, mit
der er den guten Just auch heute verführt hat und auch heute
wieder zum Spiel verführen wird. Und morgen ist wieder kein
Arbeitstag. Der Tag nach der Landsgemeinde, die sonst an einem
Sonntage gehalten wird, ist ein blauer Montag. Morgen werden
im ganzen Lande die Feuerspritzen probiert und wird überhaupt
Feuermusterung gehalten; und dieß ist wieder ein ehrlicher Anlaß,
ins Wirthshaus zu gehen. Das bringt uns nicht nur ums Geld,
sondern um Glück und Frieden. Und es könnte uns doch so
wohl sein. Ich habe in den reichsten Häusern viel zu verdienen."

"Aber, sagte ich, vermag denn der Fabrikherr, bei welchem Just arbeitet, oder irgend einer der Herren oder eine der Frauen, in deren Häusern Ihr täglich aushelfet, vermag von diesen angesehenen Leuten Niemand etwas über den Just?" "Ich suchte auch schon solche Hülfe, antwortete Friboline, aber Balz reizt dann den Just durch Spott und allerlei freche Reden noch mehr, er solle sich doch nicht seiner Frau oder irgend einem Herrn unterthänig machen. Ich sehe nicht, wer mir helfen kann." "Und dennoch wird geholfen werden, sagte ich beim Weggehen; überwindet das Böse mit Gutem; haltet an am Gebet; Gott sind alle Dinge möglich; er kann auch selbst einen Balz noch bekehren."

Glarus, den 10 Mai 1861. Abends.

Heute schon frühe machte ich mich auf in das von Glarus anderthalb Stunden entfernte Klönthal. Der Maimorgen war wieder außerordentlich klar, voll Glanz, Duft und Sang, und die Löntsch, an welcher man hinaufsteigt, donnerte und schäumte prächtig durch ihre Felsenklüfte. Ein Ueberschwall entgegenströmender und brausender Tonsätze, Jubel und Machtverkündigung; und sind sie an dir vorübergerauscht, und hörst du sie immer ferner und leiser hinter dir in die Ebene hinab singen, dann trittst du in ein Thal der tiefen Ruhe und der ungetrübten Betrachtung. Es folgt ein feierliches, leise gehaltenes Largho, ein erhebendes Lied der Andacht und des Gebetes.

Der Klönthaler-See liegt vor dir ein lauterer Spiegel, in dem sich beschauen das Himmelblau und die Wolken, die Schneehöhen und Wände des Glärnisch und von der nördlichen Seite des Wiggis Felsenzinnen und grüne Wiesenhänge. Im Wiederschein sind die Bläue, die Firne und Felsen, Wälder und Wiesen verklärt. Das im See leuchtende Gebirg ist wie ein Landschaftsgemählde und durch die Spiegelung bleibt dir das Ganze und Einzelne lebhafter in der Erinnerung. Die unendliche Ruhe des Sees und Thales wird auch deine Ruhe; und du wünschest gleichermaßen ein Abglanz zu sein der Schöpfung, daß ihre Tiefe und Höhe den Abgrund deiner Seele ganz erfüllete mit Licht und Hoheit und Schönheit. Hier wäre Tage lang zu weilen, hin und her zu wandeln, zu dichten und zu zeichnen.

Als ich gegen Abend wieder von Riedern hinab in Glarus eintrat und an der Wohnung der Fridoline vorüber kam, grüßte sie mich aus dem Gärtchen und bat mich, bei ihr ein wenig zu verweilen. Wir saßen wieder auf das Gartenbänklein. Vor uns duftete und prangte in allen Farben eine Fülle seltener Aurikeln. Ich bewunderte sie. Fridoline sagte: „Sie sind aus den Gärten der Häuser, in welchen ich arbeite, mir geschenkt worden." Möchte nur unser häusliches Glück auch so blühen, wie diese Primeln! Und doch ist meine Pflege, das weiß Gott, nicht nur in diesem Gärtchen thätig. Ich verlangte nicht nach diesen Blumen, nach keinem Schmuck der Welt, ich könnte zufrieden in der ödesten Wüste leben, wenn ich nur das häusliche Glück hätte. Gestern kam Just erst spät in der Nacht heim, sehr lustig und aufgeregt, und legte mehr als hundert Franken in Gold auf den Tisch und sagte: „Schau, Fridoline, der Wochenlohn ist nicht drauf gegangen und zudem waren wir äußerst vergnügt; und auch du hättest Freude gehabt. Es sind nur deine Grillen, daß du uns nicht begleiten wolltest." „Das sind keine Grillen, antwortete ich, daß du ohne mich äußerst vergnügt sein kannst; und wie hätte ich es sein können, wenn ich dieß Gold auf dem Spieltische hätte glänzen sehen. Es lugt mich auch hier feuerroth an wie aus der Hölle." „Ach antwortete Just, das eben sind deine Grillen, Engherzigkeiten von deiner Mutter her. Spielen ist keine Sünde und Spielgeld ist kein Sündengeld und der Spielkamerad ist kein Satan, und das Glück versuchen, ist der Welt Lauf; das thun Herren und Knechte. Ja fromme Frauen spielen. Du selber wirst das in den vornehmen Häusern schon gesehen haben. Spielen ist keine Sünde, denn auch geistliche Herren spielen, wie ich selber das früher auf meinen Botengängen von Pfarrhof zu Pfarrhof, von Kloster zu Kloster nicht nur gesehen sondern mitgemacht habe, und zwar nicht nur die Kapläne und Mönche spielen ganze Vor- und Nachmittage und tief in die Nacht hinein. Spielen ist keine Sünde, Fridolinchen, so wenig als Schwatzen und Scherzen und Singen und Spazieren und Tanzen oder auch Lesen; während die einen springen oder lustwandeln oder ein Buch zur Unterhaltung vornehmen, nehmen wir die Karten vor ebenfalls zur Unterhaltung; denn arbeiten kann nun einmal der Mensch nicht immer und giebt es eben deßwegen Ruh- und Feiertage." „Aber, sagte ich, des Spiels wegen seine Frau verlassen, ganze Sonntage hindurch und tief in die Mitternacht, ja bis an den frühen Morgen zu spielen und den Wochenlohn und die Ruhe des Gemüthes und die Gesundheit und den häuslichen Frieden aufs Spiel setzen und verspielen, und des Spiels wegen in gottloser Gesellschaft verweilen und die heillosesten Spöttereien nicht nur hören sondern auch belachen, und sich durch Gewinnsucht, durch das Wachbleiben in die Nacht hinein und durch das Trinken immer mehr erhitzen und von den Flammen aus der Tiefe entzünden lassen, beim Gewinnst noch immer mehr gewinnen, beim Verlust durch neue Wagnisse das verlorne Geld wieder zurück erobern wollen, zu arbeiten, bloß um zu spielen, keinen Sonntag mehr haben, sondern nur einen Spieltag, keinen Feierabend mehr, sondern nur einen Spielabend, kein häusliches Glück mehr, sondern nur Spielglück: ach lieber Just, wenn das nicht Sünde ist, was ist denn Sünde? Schwingen, Steinstoßen, Kegelschieben, nach dem Ziel schießen das Alles hat doch noch Sinn und Verstand. Aber wenn gesunde und starke Männer Stunden, Tage, Nächte lang mit Würfeln oder schmutzigen Karten ihr Glück versuchen, sich ums Geld bringen und dabei immer leidenschaftlicher werden, und das ohne geheimen Ingrimm und ohne Schadenfreude und ohne Listen und Ränke und ohne Flüche und Toben nicht geschehen kann, das ist wahrlich auch nicht ehrenhaft. Weib und Kinder und die Hausordnung der Spielsucht opfern, ist das etwa Vaterlandsliebe? Und ein Sklave sein der Spielsucht und des Spielgeldes, ist das etwa Freisinnigkeit? Und doch überströmt Balz von Freiheit und Vaterland." Just ließ sich das von mir sagen, ohne aufzufahren; er begegnet mir nie mit Heftigkeit; diese ist nicht seine Art; aber eben deßwegen hat er auch weniger Kraft zum Widerstand dem Balz gegenüber, der Justens Schwäche und Gutmüthigkeit, besonders dessen Leichtsinn und Eitelkeit nur zu gut kennt und mißbraucht.

Just sagte noch: „Du siehst das Spiel immer nur von der schlimmsten Seite an; es dient doch zur Erheiterung des Sinnes, und der Verstand wird dadurch nicht wenig geschärft." Ich antwortete: „Von dieser Verstandesschärfung läßt sich bei euch wenig sehen, denn die Abende, Sonntage, Nächte verspielen, zeugt nicht von vielem Verstand. Ihr werdet vielleicht in eurem Spiel pfiffiger; aber Pfiffigkeit ist noch nicht Verstand. Im Gegentheil jede Leidenschaft macht blind. Und überhaupt ist Balz, wenn ihr auch nicht spieltet, nicht eine gute Schule. Dies hat dir meine Mutter schon von Anfang vorgestellt. Aber eben Balz zeigt dir in ihr nur die alte, abergläubische Frau." „Ich bin nun für einmal noch an Balz gebunden," antwortete Just. Heute ist er nun an die Feuermusterung. Balz und Just und ihre Gesellen und Begleiterinnen haben wieder irgendwo hin einen Ausflug. Just bat mich, mitzugehen, ich dagegen, er möchte lieber bei mir bleiben. Er sagte, da er gestern so viel Geld gewonnen, so sei es eine Ehrensache, heute den Balz nicht allein zu lassen. Ich erwiederte: „Nun wenn dir Balz lieber ist als deine Ehefrau und du seinetwegen dein Haus verlassen kannst, wie wärs, auch ich verließe es und ginge wieder auf die Braunwaldalp?" Und in der That, Herr, ich glaube, diese Kur noch mit Just probieren zu müssen, da alle Geduld, alles Bitten und Flehen nichts über ihn vermag."

Ich rieth einen solchen Schritt doch noch ernstlicher zu überlegen, auch die Mutter noch zu berathen und sagte nicht ohne herzliches Mitleid mit der armen Fridoline ihr guten Abend und gute Nacht. Sie sagte: „Just kömmt wol auch heute spät heim; und es wird eine traurige, traurige Nacht."

Ich bedurfte noch einer Erfrischung und ging in ein Bierhaus. Hier saßen Balz und Just mit ihren Kameraden an einem Tisch, beide der Thüre den Rücken kehrend, so daß sie mich nicht eintreten sahen. Ich saß still und unbemerkt in eine Ecke. Balz und seine Gesellen redeten von der heutigen Feuermusterung, von der Menge und Güte der Feuerspritzen in Glarus und im ganzen Lande, von den wohl eingeübten Spritzenmannschaften. Balz sagte: „Die Landsgemeinde hätte gestern gar wohl den Fabriken erlauben dürfen, auch beim Föhn die Lampen fortbrennen und die Dampfmaschinen einheizen zu lassen. Die Fabrikherrn sind gescheid genug, daß sie ihre Häuser nicht selber anzünden. Unsre Feuerordnung ist überhaupt ein Stück aus der Rumpelkammer der alten Gesetzgebung. Es ist auch ein Eingriff in die Rechte des Bürgers, wenn jeder Feuerwächter in Küche und Stube eintreten darf, um nachzusehen, ob Alles und jegliches Feuer ausgelöscht sei, ob man nicht koche, oder backe. Darf ja sogar an einigen Orten nicht einmal den Kranken und Kindern das, was sie bedürfen, gewärmt werden. Und doch fahren die Dampfwagen der Eisenbahn selber beim stärksten Föhn landein und -aus auch neben Ortschaften hin, in denen noch viele hölzerne Häuser sind mit Schindeldächern wie hier in Glarus selbst. Es ist lächerlich, vor einem Spirituslämpchen Angst zu haben, das zur Bereitung einer Arznei für einen Kranken sollte angezündet werden, während man die Feuer- und Gluthwagen der Eisenbahn für ungefährlich hält. Ich hätte gestern in diesem Sinne an der Landsgemeinde gesprochen, aber es hätte den Schein gehabt, ich rede bloß aus Auftrag und im Lohn meiner Fabrikherrn. Uebrigens sind auch hierin durch die Eisenbahnen andre Zeiten gekommen. Jetzt können nicht mehr ganze Ortschaften abbrennen, wie ja unser Glarus schon drei Mal abgebrannt ist nach der Erzählung der Chroniken in den Jahren 1299, 1337 und 1477. Es wird an diesen dreien Malen wol für immer genug sein. Gesetzt es bräche jetzo hier Feuer aus; durch den Telegraph ist davon Meldung gethan in Einem Augenblick landab und -auf, im nämlichen Augenblick ist der Hülferuf in Nettstall und Näfels und Mollis und Wesen, ja in Wallenstadt, Sargans und Chur und in Rapperschwyl und Zürich und am ganzen Zürich-See; und mit Schnellzügen wären in kürzester Zeit zwanzig, dreißig und mehr Feuerspritzen sammt ihren Mannschaften an der Feuerstätte und würden den wilden Elementen des Windes und des Feuers Einhalt thun können. Die Natur hat uns eben deßwegen Verstand gegeben, daß wir den Elementen nicht mehr unterthan seien. Zudem wie sind die

Feuerspritzen nicht verbessert! mit welcher Gewalt wirken sie! Auch ist der Gemeinsinn durch alle unsre Vereine so verbreitet, daß kein Ort den andern mehr im Augenblick der Noth verläßt, sowie man dem Feind, der unser Vaterland angreifen wollte, von allen Seiten in wenigen Stunden durch die Eisenbahnen an die Gränzen gebracht, entgegenstürzen würde. Unsre Feuermusterungen werden durch die Eisenbahnen auch noch wesentlich verändert werden, und es wird eine ihrer Uebungen sein, an den Bahnlinien in möglichst kurzer Zeit möglichst viele Spritzen und Mannschaften zu vereinigen. Darum soll uns vor dem Föhn und Feuer nicht mehr bange sein und wir haben eher daran zu denken, unsern Durst zu löschen. Diese Wendung wurde von Balzens Gesellen belacht.

Der alte Landrath neben mir sagte leise zu mir: „Das ist eine leichtfertige, gottlose Rede. Das heißt Gott versuchen. Und wenn der Mensch auch der Gewalt des Feuers widerstehen könnte, was vermag er in seiner gänzlichen Ohnmacht gegen Wassersnoth, gegen Erdbeben, Hunger, Pestilenz und Krieg, was gegen Schmerzen, Leiden und Tod, was gegen die Gerichte Gottes? Es ist mir ärgerlich, solche Worte reden und belachen zu hören." So sagte der Landrath, trank sein Glas aus, und ging fort, und ich that deßgleichen.

Vor dem Hause stand er still und schaute an den Himmel. „Herr, sagte er zu mir, ich sah es Ihnen an, daß Ihnen die Reden der Leute da drinnen im Saal auch nicht gefielen. Wenn man vom Wolf redet, so ist er in der Nähe. Sehen Sie die weißen, kaum noch sichtbar beleuchteten leichten Wolkenzüge über den Schilb nördlich hinfliegen. Der Föhn ist bereits in der obern Luft. Ich spürte den ganzen Tag sein Kommen. Hören Sie das unheimliche Tosen in den Bergen, das dumpfe Brausen in den

Wäldern? das sind des Föhns Vorboten. Er wird diese Nacht oder morgen losbrechen. Gott behüte uns!" Damit verließ mich der alte Landrath; ich aber ging noch durch die Straßen. Sie waren wenig mehr belebt, die Landleute alle heimgezogen, die Einwohner, die spazieren gegangen oder ausgefahren, wieder zurückgekehrt. In den Wohnungen allen brannten Lichter; aus den offnen Fenstern der heller erleuchteten Stuben, besonders aus den Sälen der Gasthöfe und Gesellschaftshäuser tönte noch lustiger Gesang und die Freude des Tages.

Ich aber ging auf mein Zimmer und schrieb dir diese Zeilen, welche ich nun noch auf die Post nebenbei trage, damit sie mit dem nächsten Zuge abgehen. Und jetzt sage ich dir Lebewohl. Die Nacht ist lau und still; ich höre zwar ein stärkeres Tosen durch's Thal; aber es wird wol das Rauschen der Wasser sein.

Stachelberg, am 12 Mai 1861.

Die Kunde, daß Glarus vorgestern Nachts fast ganz abgebrannt, ist wol auch schon zu Euch gekommen. Ich schreibe Euch heute schon, daß Ihr wisset, Gott habe auch mich mitten in dem grausen Feuermeer am Leben erhalten.

Ich lag am 10. Mai, als ich den Brief an Euch noch auf die Post nebenbei hinunter getragen und etwas zu Nacht gespiesen hatte, nach neun Uhr eine Weile im Fenster. Der alte Landrath hatte sich nicht geirrt: der Föhn fing an sich näher hören zu lassen. Sein Brausen wuchs von Augenblick zu Augenblick. Das ist nicht das gewöhnliche Sausen des Windes; dieser Föhn ist viel mächtiger als ein andrer Wind oder Sturm, er wüthet und heult mit einem tiefen, Donner ähnlichen Ton durch das enge Thal zwischen den himmelhohen Gebirgsstöcken und Felswänden herab durch die Klüfte und Wälder. Ich vernahm mitten durch das Windsgebraus von der Gasse her Balzens Stimme; er ging mit seinen Gesellen die Straße hinauf; einige sangen. Ich aber lauschte nicht ohne Schauer der steigenden Gewalt des Windes. Schon dröhnte etwas auch meine Wohnung. Aber im Innersten erbebte ich, als nicht lange darnach mitten in die Windstöße hinein von der Gasse herauf der Angstruf erscholl: Feuer, Feuer, Feuer! Im nämlichen Augenblick sah ich eine Menge Leute die Gasse herauf eilen und hörte Spritzen heranrasseln. Ich war noch ganz angezogen, ergriff meine Reisekappe und stürzte auf die Gasse.

Es brannte in der Nähe des goldnen Adlers, wo ich eingekehrt war, unmittelbar am Landsgemeindeplatz. Neben oder in einem an ein großes Haus gebauten Holzschopfe hatte der Föhn eine kleine Gluth zum Flämmchen, dieses alsobald zur Flamme und zur Lohe erfacht. Von dem Feuerrufe an, bis ich auf der Feuerstätte stand, waren nur wenige Minuten vergangen, und schon brannte der Dachstuhl des großen Hauses, in dessen Holzschopf der erste Funke erglommen; und mit viel größerer Gewalt denn die stärksten Feuerspritzen das Wasser, trieb der Föhn die Flammen in die benachbarten Dächer und Häuser hinein durch alle Oeffnungen und Ritzen. Und alles Holz war sehr entzündbar, da längere Zeit trockenes Wetter geherrscht und die Wärme der letzten Tage das Holzwerk noch dürrer gemacht hatte. Ich half sogleich an einer Spritze pumpen. „Du barmherziger Gott, seufzte mein Nachbar, bei diesem Föhn werden wir des Feuers nicht Meister. Sehet, er trägt die Flammen über unsre Köpfe weg in die nächsten Häuser hinein."

Und wahrlich der Föhn schwang die breiten Flammen eines Hauses um das andre Haus herum wie einen feurigen Teppich;

gleichwie er das Wasser eines Sturzbaches hin und her weht und den Staub desselben verjagt und verfliegen läßt, so ließ der Föhn die langen und weiten Flammen hin und her zischend, tosend wimpeln, und ganze Schwälle sprühender Funken stürmte er im Nu Gassen entlang und in hintere Häuserreihen. Schon brannte auch eine derselben, als mit äußerster Anstrengung noch am Landsgemeindeplatz gearbeitet wurde, das Eckhaus und mit diesem das südliche und östliche Viertel der Ortschaft zu retten. Aber schon hatte aus der brennenden Hintergasse der Sturm ab den im Brand stehenden hölzernen Dächern brennende Schindeln in westlichere Gassen hingeschleudert, und schon brannten Häuser in der Nähe der Kirche, als man sich bemühte, in der Hauptstraße das Regierungsgebäude, den goldnen Adler, das Kasino, die Bank zu retten. Ich arbeitete wieder an einer der Spritzen vor dem Adler; allein da auch das gegenüberstehende Viertel in Flammen gerieth und der Föhn die Feuerfluthen immer rasender hin und her warf, wuchs die Hitze bis zum Versengen. Wie umgeben von Schmelzöfen litten wir von der Gluth und waren in Gefahr, daß unsre Kleider auch ohne Berührung mit dem Feuer sich entzünden. Wir waren gezwungen, um nicht selbst von den uns umbrausenden Flammen verschlungen zu werden, die Spritzen im Feuer zurückzulassen und uns zu retten.

Ich mußte etwas rasten und stand einen Augenblick hinter das Feuer. Großer Gott! welch ein Anblick! Der ganze Ort westlich hinunter schon Ein Feuerkessel, aus dem die Lohen emporschlugen, sprüheten, prasselten, mitten drinn am höchsten empor ragend in Einer Säule die braunrothe Flamme des Kirchenthurmes und seines eichenen Balkenwerkes. Hinter dem brennenden Thurm die vom Feuer noch nicht ergriffene Michaelskapelle, heller denn noch kein Morgenroth sie beschienen. Und

6 *

die Funken aus dem allgemeinen Brand immer noch weiter hinab auf die noch nicht brennenden Gassen gejagt, wie der Sturm die Wogen des Meeres ergreift und aus einander schlägt, und den fliegenden Staub als ein Gestöber herstürzen läßt. Ich sah in einen Feuersturm, in ein Feuergestöber hinein. Wolken von Funken und Rauch wurden emporgeschleudert. Ich spürte und sah: dieser Föhn ist noch schrecklicher als der Samum, der die glühende Wüste erregt, der beim feuerrothen Glanze der Sonne die Fluthen des fliegenden Sandes und die flammenden Wetterwolken herstürmt und Alles vor sich hin versengt, das Leben erstickt, ganze Karawannen tödet, das Lager hinwirft und dessen Heer erstickt, und gegen den zu kämpfen unsre Ohnmacht nicht einmal denkt und in welchem der Verschmachtende sein Antlitz verhüllt und gegen den glühenden Hauch in den Staub birgt und nur seufzen kann: Herr Gott, erbarme dich!

Da sah ich, wie auch die Berge ringsum vom Brande mehr als taghell erleuchtet standen, feurigroth der Wiggis im Westen, der Schild in weißer Gluth, der Glärnisch wie eine Pyramide aus sprühenden Wänden und Pfeilern. Hüben und drüben glitzerte der Glast des Feuers in den Fenstern der Sennhütten an den Bergen.

Ich habe auch von Leuten, die aus der Ferne schon gestern auf die Brandstätte gekommen, gehört, furchtbar sei weit-, weithin dieser Anblick der vom schrecklichen Brand leuchtenden Berge gewesen. Am Wallensee, in Wesen, Wallenstadt, zu Sargans habe man den feurigen Glanz einer außerordentlichen Brunst an den Gipfeln des Gebirgs bemerkt, in Sargans sogleich die Dampfer geheizt, die Spritzen auf die Wagen gebracht und sei im Fluge zu Hülfe geeilt, das sei etwas später in Chur geschehen und in mehreren Orten des oberen Rheinthales. In

Interlaken, tief hinter den Unterwaldner Bergen habe man die schauerliche Röthe im Gebirg, und an südlichern Gletschern und Schneefeldern den feurigen Widerschein vom Glärnisch gesehen. Nach diesem Berge, der einzig in rothem Feuer aus der ganzen Alpenkette durch die dunkle Nacht emporgeragt, habe man auch vom Schwarzwalde und andern süddeutschen Höhen geblickt und diese Feuersäule die ganze Nacht hindurch nicht erlöschen gesehen, und man habe dort zu einander gesagt: es brennt wol in der Schweiz eine ganze Stadt; ein ganzes Thal ringt die Nacht hindurch in gräßlichster Noth. So habe man auch in Zürich, im Aargau und von den Höhen des Jura den Unheil verkündenden lichten Schein am Glärnisch bemerkt. Ebenso habe ich seither erzählen hören, viele Leute das Glarnerland hinunter, in Nettstall, Näfels, Mollis, Urnen seien um 10 Uhr schon im ersten Schlafe gelegen, als sie die Unruhe auf den Gassen hörten, die durch die Feuer-Boten erregt worden war. Die Leute seien an ihre Fenster geeilt und haben den Wiggis und den Glärnisch in Feuergluth gesehen und seien dann schnellsten Laufes Glarus zugeeilt. Sie haben schon von Ferne die Flammen hinter Vorhügeln emporschlagen gesehen, und die Wolken von Funken aufsteigen und herwehen; Rauch, Hitze, Brandgeruch sei wie zu einem Schwall heraus nach Näfels und Mollis hinunter ihnen entgegengewallt. Näher gekommen, seien ihnen die aus dem Brand flüchtenden Großeltern mit ihren Enkeln, die Mütter mit ihren Kindern jammernd und weinend begegnet, brüllendes Vieh vor sich hintreibend; einige nothdürftigst bekleidet, die meisten ohne irgend eine Habseligkeit, die sie hätten retten können. Durch die Luft seien brennend geflogen Schindeln, Papier, Stroh, Lappen weit hin das Land hinunter und zu Alphütten hinauf, also daß die Leute durch die Ortschaften hinab und in den Sennhütten am Schild und Glärnisch zu wachen und zu wehren hatten, daß ihnen ihre eigenen Dächer nicht in Brand gerathen.

Einer dieser das Land herauf zu Hülfe eilenden Männer erzählte mir, als er von weitem schon das Tosen und Prasseln der Flammen gehört, der Rauch ihm entgegengequalmt sei und er dann bei einer Wendung der Straße plötzlich in die hinter der Burgkapelle aufsteigenden weiten und breiten und hohen Flammen gesehen, da habe ihn ein noch nie gefühlter Jammer und Schrecken ergriffen, er habe gezittert und habe stille stehen müssen. In diesem Augenblick habe der schrecklich brausende Föhn eine brennende Schindel über den Burghügel hergeschleudert; der feurige Spahn sei auf das Dach der herwärts dem Hügel stehenden Mühle gefallen und sogleich sei ihr Dach und sie selber in Flammen gestanden. Und da sei auch auf der Eisenbahn im schnellsten Fluge die Lösch-Mannschaft von Rapperschwyl vorübergejagt in den flammenden Ort hinein. Diese seien mit einer Schnelligkeit gefahren, daß die sonst beherzten, jungen Männer auf den Boden der Dampfwagen gekauert seien und einander umfaßt gehalten haben, nicht anders, als ob sie selbst in den jähen Tod hineingerissen würden.

Noch hatte um zehn Uhr der Telegraph in Glarus beim Ausbruch des Feuers nach Rapperschwyl melden können: Glarus brennt! Hülfe! Als die Rapperschwyler angekommen, war das Regierungsgebäude, in welchem sich auch der Telegraph und die Post befunden, schon vom Feuer verzehrt.

Auf die nämliche Weise sah ich selbst nun von der Stelle aus, wo ich hinter dem Rauch und Feuer einen Augenblick rastete, die Hülfsmannschaften aus dem Linth- und Sernftthal mit ihren Spritzen herbei jagen. Wie war Hülfe so nöthig, denn die armen Einwohner waren vom Schrecken wie gelähmt; ein Feuer-

meer war über ihren Häuptern eingebrochen. Die Hülfsmann-
schaften retteten, wo noch zu retten war, mit aller Kraft. Das
Auffahren der Spritzen mitten in die Flammen hinein forderte
nicht minderen Muth als das Vorrücken der Geschütze in der
Schlacht. Und das Verheeren einer Schlacht mag wol in den
Stunden der Kampfeswuth nicht schauerlicher sein, als hier die
Alles verzehrende Gewalt des einen allgemeinen Untergang dro-
henden Feuers.

In den wenigen Minuten meiner Rast flüchteten an mir
vorüber eine Menge Frauen und Kinder und Greise, Kranke
und Schwache nach dem nahen Enneda, von wo die langen Fabrikgebäude und der Kirchenthurm mit seiner neu vergoldeten
Zeittafel herleuchtete lichter als im hellsten Sonnenschein und in
schauerlicher Röthe, so daß gleichsam auch die Stunden an der
Zeittafel brannten. Andre Schaaren sah man ins Freie hinaus
flüchten auf die Wiesen am Fuße des Glärnisch, andre nach
Ennetbühl hinüber oder südlich gen Niedern hinaus. Ach wie
mit jammervollen Blicken schauten besonders die Hausmütter
und ihre Kinder an ihrer Seite zu ihren brennenden Häusern
zurück. Den Fleiß, die Sparsamkeit vieler Jahre, ihr ganzes
häusliches Wohlsein sahen die Mütter in Asche sinken. Ich werde
diese Mienen des Jammers der Hausfrauen, Töchter und Kinder nie vergessen. Wenige konnten einige Habseligkeiten retten;
einigen entzündete die Flamme das, was sie auf dem Rücken
trugen, daß es zurückgelassen werden mußte; viel schon Geret-
tetes verbrannte auf dem freien Felde durch die Gluth und die fliegenden Schindeln entzündet. Andre retteten gar nichts, denn
während sie ihre dem Feuer noch ferne stehenden Wohnungen
verließen, um Freunden und Verwandten retten zu helfen, verbrannten ihre eigenen Häuser. Andre glaubten, was sie flüchten

konnten, in fern abgelegenen Häusern gerettet und auch diese verbrannten. Andre konnten nicht daran denken, irgend etwas ihres Eigenthums mitzunehmen, so unversehens und rasch stand ihr Dach und der obere Theil ihrer Häuser lichterloh, daß kaum das fast nackte Leben gerettet und viele der versengenden Hitze kaum noch entspringen konnten; um so mehr muß die Thätigkeit, die Geistesgegenwart, der Muth und die Aufopferung bewundert werden, mit welcher in diesen Augenblicken noch die Archive des Rathauses und die Gelder, Bücher und Schriften der Bank gerettet wurden. Der Sturm war noch gewaltiger geworden, die Wellen der Flammen gingen noch höher und breiter. Die Fälladen, die Hausthüren, die Rahmen der Fenster entzündeten sich; durch alle Oeffnungen und Spalten schlug das Feuer wie aus einer Esse in die Häuser hinein.

Und Alles das geschah in wenigen, wenigen Augenblicken und wahrlich in viel kürzerer Zeit, als ich es hier mit eilender Feder erzähle.

Ich dachte dann alsobald, irgend einem meiner Bekannten Hülfe zu leisten. Durch die brennenden Gassen war nicht mehr zu kommen. Ich eilte daher gegen den noch nicht bedrohten Bahnhof hinunter und kam dann in die Nähe der dort erbauten großen Fabrike, welcher sich das Feuer näherte. Hier ordnete Balz, obschon er nicht ein Angestellter dieser Fabrike ist, das Aufführen der Spritzen und mit äußerster Thätigkeit und Kraft ermunterte er zu stets neuer Anstrengung, um das Feuer den Fabrik-Gebäuden ferne zu halten. Den Just sah ich oben auf einer bedrohten First sitzen, das Wenderohr einer starken Spritze führend, um einen nahen Dachstuhl zu retten, der schon mehrere Male Feuer gefangen. Just selbst litt sehr von der Hitze der in der Nähe brennenden Häuser. Während er immer wieder den

Dachstuhl löschte, mußte auf ihn selber gespritzt werden, damit er die Gluth aushalte und damit sich ihm nicht die Kleider entzünden. Er hielt so in glühender Hitze und in der augenscheinlichsten Gefahr Stunden lang aus. Niemand wagte, ihn abzulösen. Sein Ausharren aber war hier entscheidend. Balz mich im Vorüberspringen erblickend sagte rasch: „Sie sind dem Herrn dieser Fabrike bekannt, gehn Sie hinein, Sie können drinnen mehr helfen als hier. Auch muß für die Mannschaften immer wieder Speise und Trank herbeigeschafft werden. Die Fabrike ist noch nicht gerettet. Die Windstöße sind zu gewaltig; und schlüge der Wind um, was zu befürchten, so sind wir verloren."

Hier nun half ich mancherlei, und trug auch den Mannschaften Wein und Brot zu; ihr Muth und ihre Ausdauer waren außerordentlich. Balz wagte sich mit dem Wenderohr selbst in brennende Häuser hinein, das die nahe Fabrike bedrohende Feuer so weit zu dämpfen, daß es nicht zu den Fenstern heraus schlage.

Derweil scholl aus dem nahen brennenden Stadtviertel und aus den obern in Flammen stehenden Gassen fort und fort Angstgeschrei und der Befehlsruf der Spritzenhauptleute und der Ruf Wasser, Wasser und fliehet, fliehet! Denn Mauern stürzten zusammen; zwei brave Hülfe leistende Männer von Mels und Bilten wurden erschlagen. Stürzten und krachten wieder Dachstühle ein und die Estriche und die Boden der Stockwerke, war es wie wenn der Vulkan aus neuen Essen sprühe und speie, Feuer= und Rauchwolken flogen empor und wurden vom Sturm auf noch nicht brennende Dächer geworfen wie der Orkan oder die Springfluth die hohen Wogen auf Ortschaften wirft, die von Alters her ruhig am Ufer gestanden, und sie jetzt zertrümmert und wegspült.

Ich hörte seither von Sennen am Schild und Glärnisch,

welche wegen der fliegenden und brennenden Spähne ihre bedrohten Hütten nicht verlassen durften, wie sie in dieses stets höher und breiter werdende prasselnde Feuer der hundert und hundert brennenden Häuser hinuntergeschaut, sei es ihnen gewesen, als sei der jüngste Tag gekommen und als habe die Erde sich entzündet und das Feuer werde nun steigen wie die Fluth in der Wassernoth und werde bald auch ihre Hütte erreichen und werde sich mit einem einzigen mächtigeren Wellenschlage der Flammen nach Nettstall und Mollis hinunter und weiter landabwärts verbreitet haben.

Es war Mitternacht geworden. Noch hatte in dem lange, lange brennenden Kirchthurme die Uhr die zwölfte Stunde und so ihre eigene Zeit ausgeschlagen.

Für Glarus begann ein neuer Tag ob noch größern Jammers, ob noch der gänzlichen Vernichtung, wer konnte das wissen, da Wind und Feuer noch ungezähmt fortwütheten.

Zwar traten Augenblicke der Windstille ein. Aber nur um so heftiger tobte auf dieselben der Sturm fort. Und in die Wette und aufs entsetzlichste sausten und brausten der Sturm und der Brand.

Immer neue Hülfsmannschaften kamen hergeeilt und gingen rasch und muthig und mit aller Hingebung und Kraft an die Arbeit. Aber das Feuer im weitem Kreise nur einigermaßen zu mindern oder es zumal in der Richtung des Föhns einzudämmen, dazu war die Ohnmacht des Einzelnen und die der vielen hundert Männer, welche zu löschen suchten, eben dieselbe. Und doch hielt auch der Einzelne aus.

Wieder mußten wegen der Hitze Spritzen verlassen werden; etliche wurden, damit sie nicht verbrennen, ins Wasser gestoßen. Immer schwerer war da, wo ich stand, die Rettung der Fabrike und uns gegenüber die Erhaltung des Eckhauses, welches gegen die Flammen zu behaupten die herbeigestürmten Rapperschwyler übernommen hatten und in dem sie unter der größten Anstrengung bis jetzt gewehrt und ausgehalten.

Aber jetzt trat ein Augenblick ein, da Alles verloren schien. Wie das bei gewaltigem Föhnsturme zu geschehen pflegt, der Westwind erhob sich, die Flammen wendeten sich nach der Ostseite gegen die noch unversehrten östlichen Gassen; dorthin flogen nun die Funken und glühenden Schindeln. Es ging ein Schrei durch alle Mannschaften: Jetzt ist Alles verloren! Mit Entsetzen sahen die Leute im östlichen Viertel den nun auch ihnen drohenden Untergang.

Aber sie sollten gerettet werden. Wieder drang der Föhn durch und er stürmte fort und mit dem dämmernden Tage nur noch mit neuer Gewalt.

Man konnte bei Tagesanbruch nach dieser jammervollen Nacht noch nicht sagen, des Feuers Meister zu sein.

Es war gut, daß aus entlegneren Orten wieder frische Hülfsmannschaften heranfuhren, denn die, welche die ganze Nacht im Feuer gestanden, waren erschöpft. Es mangelte Brot, sie zu speisen; Wein wurde sogar aus Fässern getrunken, deren obere Dauben noch brannten.

In unsrer Nähe stand, wie mir nachher erzählt wurde, ein Haus mitten in den Flammen noch unversehrt. Die Löschenden hatten sich für dasselbe schon lange und kräftigst gewehrt; aber sie ermatteten, sie hatten zwar Wein aber nichts zu essen. Da kochte ihnen die Hausfrau in dem von den Flammen rings bedroheten und zum Theil jetzt auch schon ergriffenen Hause zwei Mal während dieser Nacht Mehlsuppe. Umgeben rings von aus- und niedergebrannten Wohnungen steht dieses Haus noch.

Wie es heller Tag geworden und die Fabrike gerettet schien, stieg ich auf den nahen Burghügel und sah in das unermeßliche Elend hinunter; noch brannten die tausend eingestürzten Balken, noch loderten hoch einzelne Firsten, dicker Qualm und Rauchdampf wurde von dem immer noch stark wehenden Winde hergetrieben; die vielen noch schwarz oder glühend in der Luft ragenden Balken krachten einer nach dem andern zusammen und stäubten einen Wirbel von Funken auf, ausgebrannte und ausgeglühte Gibel und Mauern sah und hörte ich zusammenstürzen. Ueberall arbeiteten noch die Mannschaften und keuchten die Pumpen und erscholl der Ruf nach Wasser, und wurden jetzt Mauern eingerissen. Und rings um die Brandstätte herum im Grünen sah ich die Geflüchteten unterm freien Himmel gelagert arm, obdachlos und fast nackt geworden. Sie schauten trostlos in die Flammen hinein, die ihnen in Einem Augenblick Alles Alles verzehrt, all ihr Glück auf lange, lange Zeit. Im nahen Kirchhofe brannten noch wie die Lichter eines Trauergottesdienstes, wie die Kerzen einer Todtenmesse — auf den Gräbern die hölzernen Kreuze auch auf den Gruften derer, welche schon vor Jahrhunderten fernern Geschlechtern den Wohlstand begründen halfen, den jetzt Eine einzige Nacht verschlungen.

Ich sah nun nach der Wohnung der Fridoline hinunter. Auch dieses Häuschen mit seinem Schindeldach lag in Asche, der eingestürzte Dachstuhl brannte noch. Ich glaubte, Fridoline dort zu bemerken und ging hinunter. Sie saß auf einem Wehrstein an der Straße. Sie blieb sitzen und reichte mir die Hand: „Der Herr hat's gegeben, der Herr hat's genommen; der Name des Herrn sei gelobet!" Sie war ganz blaß und schien sehr erschöpft. Sie sagte auch: „Ich bin zu müde; ich kann nicht aufstehen."

Ich hatte von da, wo ich geholfen, ein Bröbchen und ein

Fläschlein Wein mitgenommen und konnte nun die Müde erquiken. Sie sagte darnach: „das hat mich erlabt; ich dachte in aller der Noth und Arbeit dieser Nacht an Essen und Trinken gar nicht. Ich hatte eine Ahnung, es nahe eine traurige Nacht; aber daß sie so jammervoll würde, wer hätte das denken können!

Als der Feuerruf erging, war Just noch nicht zurück. Ach, ich weiß nicht, ob er noch lebt oder nicht; wenn ich ihn wieder hätte, o es sollte Alles vergeben und vergessen sein."

Ich sagte ihr, daß er lebe, daß er sich aufs tapferste gehalten, aber noch an der Arbeit sei.

„Nun, sagte sie, so ist wenigstens für uns noch Alles gut, so seid Ihr mir, lieber Herr, ein wahrer Engel des Trostes. Als es bis zu uns herab tönte: Feuer, Feuer, und es hieß, es brenne oben am Landsgemeindeplatz, da dachte ich, bis zu uns herunter werde und könne das Feuer nicht kommen, verschloß unser Häuschen, das jetzt hier in Asche liegt, und lief hinauf in das dem Brande nächste Haus, in welchem ich schon viel gearbeitet, und half flüchten, so viel ich vermochte. Aber umsonst; das Haus, in welches wir geflüchtet, wurde auch bald mit all seiner Habe zu einem Haufen feuriger Kohlen. All den in diesen Wohnungen und Magazinen aufgehäuften Reichthum zu retten, daran war dann schon in der ersten Stunde des Brandes nicht mehr zu denken. Ich eilte daher in die andern mir vertrauteren Häuser, zu einer Wöchnerinn; ihr Kind lag todt; die schwache Mutter mußte weggetragen werden; das Kind wurde in der Asche zu Asche. Ich hätte noch zu zehn und mehr hülfsbedürftigen Frauen eilen mögen und sollen, allein das Feuer flog uns voran und verschloß uns den Eingang der Gassen. Ich traf noch zwei ebenfalls rettende befreundete Arbeiterinnen, „rette du, sagte ich der einen den Säugling dort! und der an=

dern: hilf der alten Frau aus dem Haus. Der Säugling, wie ich hiehergegangen vernommen, wurde in die Kirche getragen, man meinte, in Gottes und seiner Engel besondern Schutz, aber die Kirche liegt auch in Asche; das Kind aber wurde bei Zeiten aus der Kirche weiter getragen. Die alte Frau, die noch hätte gerettet werden können, ist wieder in ihr brennendes Haus zurückgekehrt, um noch Silbergeschirr zusammen zu raffen, und ist mit sammt diesem unter feurigen Balken begraben worden. Einer andern Frau, die nicht mehr gehen konnte, half ich in ein, wie es schien, feuerfestes Haus, aber sie mußte auch dort fortgebracht werden. Ihr Mann begegnete mir während der Nacht, er suchte fast in Verzweiflung seine Frau und fand sie nicht. Wieder in einem Hause, wo ich zusammenpacken half, wurden wir plötzlich von den Flammen umschlossen und hatten keinen Ausweg. Da rieth der Hausherr, wir möchten uns Alle in ein feuerfestes Gewölbe unten im Haus begeben, es habe eine eiserne Thüre; und dort können wir den Augenblick der Rettung erwarten. Es geschah. Wir hielten in diesem Gewölbe lange aus; über uns brannte das Dach, neben uns die benachbarten Wohnungen. Wir hörten das Prasseln, das Fallen der Balken und Dielen, wir waren wie in einem Backofen; die Hitze, der Rauch und Qualm waren zum Ersticken, wir mußten von den immer heißer werdenden Wänden weg stehen; wir legten uns auf den Boden, um uns an den Steinen und der noch nicht heiß gewordenen Erde etwas zu erkühlen. Die eiserne Thüre wurde ein klein wenig geöffnet, ob etwas frische Luft herwehe, allein es drang nur Rauch und Broden herein. Da sagte der Hausherr seinem Sohn: „An deiner Erhaltung ist mehr gelegen als an der unsern; suche dich durchzuschlagen, rette dich und wenn du kannst, so rette auch uns." Der Sohn wußte hinten im Gewölbe ein Pförtchen, durch das eilte er hinaus und ich hinter ihm drein. Wir kamen in den Hof, in welchem ein Brunnen. Der Sohn wirft sich in diesen Brunnen und in seinen nassen Kleidern dringt er durch die Flammen. Ich thue ihm das nach, tauche schnell ebenfalls ganz unter in dem Brunnen und springe darnach durch die Flammen.

Wie ich höre, sind die im Gewölbe durch den Sohn errettet worden.

Ich selber konnte unter dem Beistande Anderer noch Bekannte retten helfen, die in einem Hofe eingeschlossen und rings von Gluthen umgeben schon mehrere Stunden in einem Brunnen zugebracht hatten, und auch den Kopf so oft als möglich untertauchen mußten, um nicht versengt zu werden. Im kalten Quellwasser erstarrten sie fast, und ihrem Haupte drohete Brand; und dieses Stunden lang, das muß Folterqual und eine Doppel-Marter gewesen sein.

In der Gluthhitze waren meine Kleider in kürzester Zeit wieder trocken geworden.

Ich habe dann noch Andern geholfen und noch vielen Andern helfen mögen und sollen; und es wäre jetzt noch viel zu helfen; aber ich bin zu müde. Und jetzt will ich mich aufmachen, meinen Just zu suchen."

Und wie sie dieß sagte, kam er selbst; und jetzt stand sie auf und er sprang auf sie zu, und sie faßten sich bei den Händen und er sagte: „Hier auf der Asche unsers Häuschen und aller unsrer Habe schwöre ich dir, ich werde von nun an ein andrer Mensch sein. Darauf darfst du dich verlassen. Wir haben Vieles verloren, aber wenn du mich liebst, ich das Beste nicht."

„Und ich sage dir, antwortete Fribolline, ich bleibe bei dir, und wir wollen mit Gott ein neues Leben anfangen."

In diesem Augenblicke kam auch die Mutter Elisabeth heran, die sich in aller Eile hatte her führen lassen. „Nun Gott sei Lob und Dank, sagte sie: ihr seid doch noch am Leben und gesund und unverletzt. Der Herr führet in die Hölle und wieder heraus."

„Und er soll mich auch aus der Spielhölle herausgeführt haben, fuhr Just fort, das gelobe ich auch Euch, liebe Mutter."

„Nun, sagte sie, dann ist euch euer Häuschen zwar abgebrannt, aber bereits wieder schöner aufgebaut. Bis ihr aber wieder unter Dach gelangen könnet, so kommet zu mir auf die Alp!"

„Wir danken, sagte Friboline; vorgestern wäre ich dir noch gefolgt; aber jetzt bleibe ich bei Just und theile mit ihm, was jetzt noch zu ertragen sein wird." „Mir, fuhr Just fort, hat mein Fabrikherr, wie ich ihm so eben bemerkte, ich müsse endlich etwas rasten, gesagt: er werde nie vergessen, daß ich für ihn Leib und Leben gewagt und er werde mir in einem seiner Gebäude eine Wohnung verschaffen, falls auch ich sollte abgebrannt sein.

„Und Balz?" fragte die Mutter. „Balz, antwortete Just, mag in meiner Nähe bleiben oder nicht, die Spielkarten, die ich mit ihm und mit Andern gemischt, sind in dieser Nacht für mich zeitlebens verbrannt, so wahr ich wünsche, daß mir Gott helfe." Die Mutter sagte: „Wer gestern noch hier in Seide und Sammet prunkte, geht heute in Sack und Asche. Die im Schutt liegende Stadt predigt die Eitelkeit; wer durch die Flammen und Gluthen dieser entsetzlichen Nacht nicht ist geschmolzen, geläutert und erleuchtet worden, sich zu bekehren von Uebermuth, Hoffahrt, Gottesvergessenheit und Christusverachtung; wer mit den Seinen gerettet durch die Güte Gottes nicht zur Buße geleitet wird, dessen Herz ist härter als die Steine dieser Stadt, die in dieser

Nacht alle weich gebrannt worden sind. Dessen Stirn ist, wie der Prophet sagt, so hart als ein Diamant und härter denn ein Stein. Aber schauet her, da steht noch euer Brünnelein; der hölzerne Brunnenstock hat auch gebrannt, aber er ist nicht ganz verkohlt; sein lebendiges Wasser hat ihn erhalten von innen heraus. Euch und allen Abgebrannten fließt noch das Alles rettende, Alles erhaltende, Alles wieder erquickende lebendige Wasser. Gottes Brünnlein hat Wassers die Fülle." —

Ich sagte den lieben Leuten auf Wiedersehn, und ging nun durch die schauerliche Brandstätte. In die Gassen, wo noch all das Holzwerk loderte, durfte man sich nicht wagen, weil die ausgebrannten Gibel und Mauern den Einsturz drohten und auch wirklich immer noch zusammenkrachten. Der Anblick war traurig, zum Weinen. Viele Nachbarn auch und Befreundete, welche hereilten, sich nach den Abgebrannten Ihrigen zu erkundigen, konnten es nicht aushalten, länger in all dem Jammer zu verweilen und verreisten, nachdem sie ihre Hülfsgaben überreicht, alsbald wieder.

Alle die einst so schönen reichen Häuser bis auf den Boden ausgebrannt, durch die leeren Fenster, an denen noch halbverbrannte Rahmen und Laden hingen, nun das lichte Himmelblau; bald, wenn die morschen Mauern der fünfhundert Häuser werden eingefallen und eingerissen sein, fast die ganze Stadt Ein Schutthaufen, kein Stein auf dem andern gelassen! Und auch die Steine durchglüht und nicht mehr zu brauchen und Alles Gold und Silber, auch der Diamant des Brautringes in den Kohlen und nicht mehr zu finden, sondern in der unbeschreiblichen Gluth selbst zu Asche verbrannt, auch die Waaren der Eisenhandlungen nicht zu finden und alle zu Asche geworden; die neuen Glocken des Kirchenthurms vertropft; aber Zwinglis Abend-

mahlskelch gerettet. Und in allem diesem unermeßlichen Unglück
doch das Leben der allermeisten Menschen wunderbar erhalten.
Ein Mann aus der östlichen Schweiz, der gleich wie ich, her=
gekommen war, die Landsgemeinde zu besuchen, ist an Brand=
wunden gestorben. Sonst vermißt man wenige Menschen. Einige
Greise und schwer Erkrankte werden freilich die Schreckensnacht
nicht mehr lange überleben.

Rings um die Stätte der Zerstörung prangte die grünende
und blühende Welt; aber in den Fruchtbäumen voll Blust er=
tönte kein fröhlicher Gesang, denn auch die Vögel hatten sich
geflüchtet aus der Todesluft, und Tauben, die noch eine Weile
über den in Brand gekommenen Häusern, die sie nicht verlassen
wollten, geschwebt, sind von den Flammen ergriffen worden.

Mitten in der Verwüstung, umgeben rings von rauchenden
Brandstätten waren noch einzelne Wohnungen theils ganz un=
versehrt geblieben oder nur angebrannt und hatten durch außer=
ordentliche Anstrengung vor der Vernichtung bewahrt werden
können. Wenige den Alles verzehrenden Flammen entzogene
Stämme, einzelne der Alles verschlingenden Fluth wunderbar
Entkommene. Und doch ist es derselbe verborgene Rathschluß,
der dort Alles versinken hieß und hier das weniger werthvoll
Scheinende rettete. Die unverdiente Rettung wird nur so de=
müthiger empfunden und macht um so barmherziger.

Ich begegnete vielen Trauernden und auch Männern, bei
denen ich Gastfreundschaft genossen; sie waren blaß, vom Schre=
cken und der Arbeit der Nacht erschöpft. Ich wußte ihren Schmerz,
ein reich ausgestattetes Haus, mit allen seinen Gewohnheiten,
Bequemlichkeiten, mit all den Sammlungen, Schriften, Briefen,
köstlichen Musik=Instrumenten und Geräthschaften und mit die=
sem Allem einen Theil ihres Lebens, ja des Lebens ihrer Vor=

fahren in Einem Augenblick und für immer verloren zu haben, ich wußte diesen ihren Schmerz wohl einigermaßen zu ermessen.

Der Entbehrungen, bis Glarus wieder aufgebaut ist, werden unendliche sein, der Mittel- und Handwerkerstand besonders wird außerordentlich zu kämpfen haben, die Noth überhaupt und zumal die im folgenden Winter noch groß werden; von 4826 Einwohnern sind gegen 3000 obdachlos.

Zwar auch das Mitleid und die Hülfeleistung in der Nähe und Ferne ist groß, zum Lobpreisen groß. Es ist nicht nur der eidgenössische Sinn; der von allen Seiten her hilft, er hilft so reichlich und hilft deßwegen, weil er auch der christliche Sinn ist; denn was sich schon eidgenössischer Sinn hieß, hat nicht immer und hat nicht allen Orten geholfen. Aber der **Herr** hat noch ein großes Volk zu Stadt und Land und viele sehen sich durch die **christliche** Sitte gezwungen, sie mußten thun, wie alle die, welche diesem großen Volke angehören.

Ich vernehme, wie von Stunde zu Stunde diese Liebesgaben aller Art wachsen und sich eigentlich häufen.

Außerordentlich sind die Gaben, welche bereits die reicheren Handelshäuser im Lande Glarus selbst alsobald geboten; so wie die Summen, welche alle einzelnen Gemeinden des Kantons beizusteuern beschlossen; und doch werden die übrigen Steuerlasten durch diese schwere Heimsuchung dem ganzen Lande und jedem Einzelnen auf eine Reihe von Jahren sehr empfindlich gesteigert worden sein.

Des Landammanns Warnung an der Landsgemeinde vor Uebermuth und Scheelsucht war eine Prophetenstimme und wird wol unvergessen bleiben.

Ueber den Balz aber habe ich gehört, er sei, wenn schon nicht abgebrannt, doch düster und in sich gekehrt und könne des

Gedankens nicht los werden, er habe Freitags den zehnten Mai Nachts zwischen neun und zehn Uhr, als schon der Föhn wehete, neben jenem Holzschopfe vorübergehend den noch glimmenden Rest einer Cigarre gegen das Holzhaus hinweggeworfen.